LE BUDGET

DE LA PROVINCE DE

LORRAINE ET BARROIS

SOUS LE

RÈGNE NOMINAL DE STANISLAS

(1737-1766)

D'après des documents inédits

THÈSE POUR LE DOCTORAT EN DROIT

PAR

PIERRE BOYÉ

AVOCAT

LICENCIÉ ÈS LETTRES
LICENCIÉ ÈS SCIENCES NATURELLES

L'acte public sur les matières ci-après sera présenté et soutenu
le **Samedi 27 Juin 1896**, à quatre heures du soir.

Président : M. GAVET, professeur.

Suffragants { MM. LIÉGEOIS, professeur.
GARNIER, professeur.

NANCY

IMPRIMERIE CRÉPIN-LEBLOND, 21, RUE ST-DIZIER, 21

(PASSAGE DU CASINO)

1896

LE BUDGET

DE LA PROVINCE DE

LORRAINE et BARROIS

SOUS LE

RÈGNE NOMINAL DE STANISLAS

(1737-1766)

D'après des documents inédits

THÈSE POUR LE DOCTORAT EN DROIT

PAR

PIERRE BOYÉ

AVOCAT

LICENCIÉ ÈS LETTRES
LICENCIÉ ÈS SCIENCES NATURELLES

L'acte public sur les matières ci-après sera présenté et soutenu
le **Samedi 27 Juin 1896**, à quatre heures du soir.

Président : M. GAVET, professeur.

Suffragants { MM. LIÉGEOIS, professeur.
GARNIER, professeur.

NANCY

IMPRIMERIE CRÉPIN-LEBLOND, 21, RUE ST-DIZIER, 21

(PASSAGE DU CASINO)

1896

FACULTÉ DE DROIT

Doyen : M. LEDERLIN, ✻, I ❦.

Doyen honoraire : M. JALABERT, ✻, I ❦.

Professeur honoraire : M. LOMBARD (Ad.), ✻, I ❦.

MM. LEDERLIN, ✻, I ❦, Professeur de Droit romain, Chargé du Cours de Pandectes, et Chargé du cours d'Histoire du Droit français (Droit français étudié dans ses origines féodales et coutumières).

LIÉGEOIS, I ❦, Professeur de Droit administratif, et Chargé du cours d'Histoire des doctrines économiques.

BLONDEL, I ❦, Professeur de Code civil, et Chargé du cours de Principes du Droit public et du Droit constitutionnel comparé.

BINET, I ❦, Professeur de Code civil, et Chargé du cours d'Enregistrement.

LOMBARD (P.), I ❦, Professeur de Code civil.

GARNIER, I ❦, Professeur d'Economie politique, et Chargé du cours de Législation financière.

MAY, I ❦, Professeur de Droit romain, Chargé du cours de Pandectes et du cours de Droit international public (Doctorat).

GARDEIL, I ❦, Professeur de Droit criminel, et Chargé du cours de Législation et Economie industrielles.

BEAUCHET, I ❦, Professeur de Procédure civile, Chargé du cours de Procédure civile (Voies d'exécution), et Chargé du cours de Législation et Economie coloniales.

BOURCART, I ❦, Professeur de Droit commercial.

GAVET, I ❦, Professeur d'Histoire du Droit.

CHRETIEN, I ❦, Professeur de Droit international public et privé.

CARRE de MALBERG, Professeur de Droit constitutionnel et administratif.

MELIN, Docteur en Droit, Chargé de Conférences.

VALEGEAS, Docteur en Droit, Secrétaire.

LACHASSE, I ❦, Docteur en droit, Secrétaire honoraire.

NOTICE BIBLIOGRAPHIQUE

ET INDICATION DES PRINCIPALES SOURCES

I

MANUSCRITS

Archives nationales :

Série K, n° 1184 : Série KK, n°ˢ 498-499. — Etats arrêtés au Conseil de la recette et dépense générale des finances de Lorraine et Barrois ; etc.

Archives de la Cour d'Appel de Nancy :

Nombreuses liasses non classées, *passim.*

L'extrême désordre de ces archives ne nous permet point de donner d'autres indications en ce qui concerne les pièces que nous y avons consultées.

Archives du Tribunal de Commerce de Nancy :

Documents divers, *passim.*

Ces archives n'étant point classées nous ne pouvons renvoyer à aucune cote ; toutefois la grande complaisance qui nous a été témoignée dans ce dépôt a considérablement facilité nos recherches.

Archives départementales de Meurthe-et-Moselle :

Séries B et C, et plus spécialement :

B. 1761-1768 ; 12.449-12.451. — Comptes de la recette générale des finances.

B. 12.451. — Registre pour les affaires qui concernent l'abonnement.

B. 1770-1817. — Comptes de la recette générale des domaines et bois.

B. 11.978-12.425, *passim.* — Documents concernant les eaux et forêts.

Archives départementales des Vosges :

C. 118-121. — Rôles des Vingtièmes.

Archives départementales de la Meuse :

B. 448-470. — Subvention : répartition.

Archives communales .

Charmes : CC. 61-66. — Rôles de répartition.
Pont-à-Mousson ; Mousson ; Plombières ; etc : passim.

Bibliothèque de la Société d'Archéologie lorraine :

Ms. n° 80. — Compte de la recette générale des finances, 1750 : etc.

Bibliothèque publique de Nancy :

Nombreux manuscrits, *passim ;* et en particulier : Mss. N°ˢ 58, 386,
389, 395.

II

IMPRIMÉS

Recueil des ordonnances et réglemens de Lorraine... in-4°. Nancy. t. VI
à XI.

*Remontrances de la Cour Souveraine et des Chambres des Comptes de Nancy
et de Bar.* Brochures diverses, in-4°.

BAUMONT. — *Etudes sur le règne de Léopold, duc de Lorraine et de Bar
(1697-1729).* 1 vol. in-4°. Nancy, 1894.

DIGOT. — *Histoire de Lorraine.* 6 vol. in-8°. Nancy, 1880. t. VI.

DURIVAL. — *Description de la Lorraine et du Barrois.* 4 vol. in-4°. Nancy,
1778-1783.

MATHIEU (Abbé). — *L'Ancien Régime dans la province de Lorraine et Barrois (1698-1789).* 1 vol. in-8°. Paris, 1879.

NECKER. — *De l'administration des finances de la France.* 3 vol. in-8°.
Paris, 1784.

Quantité d'autres ouvrages ; brochures, placards, circulaires,
etc. Plusieurs de ces sources seront spécialement men-
tionnées au cours du récit.

AVANT-PROPOS

Par *Budget* d'un État, dans un des sens donnés de nos jours
à ce mot, on entend l'énumération systématique des diverses
recettes et dépenses publiques durant l'exercice d'une année ;
Budget évoque, ainsi, une idée d'équilibre, de balance. Pour le
titre de notre travail, nous avons dû prendre ce terme dans une
acception quelque peu différente, et nous écarter de la stricte
notion juridique que l'on doit s'en faire. Pendant les vingt-neuf
années que nous allons étudier, nous ne rencontrerons guère,
en effet, que des exceptions à la règle et un régime financier
tout particulier. Province française de fait, la Lorraine est censée
conserver encore son autonomie ; mais, le soin que l'on met à
sauvegarder de vaines et trompeuses apparences amène parfois
une étrange complexité. Les recettes sont multiples ; mais le
tout n'en est point dépensé dans le pays ; le surplus, fort considérable, est versé au fur et à mesure dans la caisse du roi de
France ; il va s'y confondre avec d'autres fonds et nous l'y per-
dons de vue. Le parallélisme inverse de l'actif et du passif ne
peut de la sorte être suivi.

Nous n'avons donc pas divisé ce travail en deux parties
égales où nous examinerions dans l'une des recettes destinées à
subvenir rigoureusement à des dépenses que nous classerions
dans l'autre. Nous avons dû nous contenter de signaler à chaque
perception de deniers, les prélèvements faits pour l'acquittement
de telle ou telle charge locale. Nous aurions voulu, tout au
moins, présenter un tableau synoptique de cette comptabilité ;
marquer aux yeux par quelque graphique la proportion exacte

entre l'actif et le passif; tracer la courbe indiquant l'accroissement continu des recettes, tandis que les dépenses restaient à
peu près fixes; inscrire, enfin, l'énorme somme totale que la
France fit entrer au Trésor royal de 1737 à 1766. Les lacunes
que le temps et la dispersion des documents ont introduites dans
la série des registres de comptes ne nous ont point permis cet
essai. Avouons que c'est précisément cette complexité et ces par-
ticularités qui nous ont tenté et qui nous ont semblé suffisantes
pour q. 'il soit de quelque utilité de composer le travail que nous
présentons.

Ces réserves établies, nous pouvons déclarer que l'étude du
budget de la Lorraine, devenue province française, sous le règne
tout nominal de Stanislas, est d'un très réel intérêt et demande
à être faite avec grand soin, non seulement pour servir à l'histoire même du pays, mais en tant que contribution à la connaissance des finances du Royaume sous le règne critique de
Louis XV. Pour être complète, cette étude doit avoir des proportions assez considérables; elle touche, en effet, à de multiples questions. La fiscalité poussait alors ses profondes racines
en ramifications sans nombre qui s'insinuaient dans chaque
rouage administratif, atteignaient et enveloppaient la plupart des
services publics ou privés, profitant des plus misérables moyens
d'extension. Or, ce fut en Lorraine, et surtout durant la période
équivoque qu'y marqua le séjour du roi de Pologne, que, par
les soins des ministres français, cette fiscalité eut son plus complet et désolant épanouissement.

Dans le régime financier de l'ancienne Monarchie, si com-
pliqué, si dépourvu d'unité, où les *pays d'État* s'opposent aux
pays d'Élections; où, à côté des *cinq grosses Fermes,* on ren-
contre les *provinces réputées étrangères* et celles d'*étranger effectif;* où la question de la *Gabelle* donne naissance à des subdivi-
sions de territoire : la Lorraine, avec son Conseil des finances,
ses Chambres des Comptes de Nancy et de Bar, son long passé
d'intérêts spéciaux et de traditions, l'embarras que provoquaient

chez elle la souveraineté nominale de Stanislas et le semblant d'autonomie qu'on devait lui ménager jusqu'à la mort de ce prince ; avec, aussi, son état économique et sa topographie bizarre, la Lorraine, disons-nous, si, à la rigueur, elle pouvait prendre place dans quelques-unes des catégories adoptées, si, par exemple, elle était bien plutôt pays d'État que pays d'Élections et revendiquait à juste titre, au point de vue douanier, son rang d'étrangère, n'en occupait pas moins, à côté des autres provinces, une situation absolument unique qui a besoin d'être examinée sous tous ses aspects.

Nous verrons à l'aide de quels remaniements dans les règlements généraux et dans le personnel, le Gouvernement français façonna peu à peu le mécanisme financier en Lorraine, à l'instar de celui adopté généralement dans le Royaume. Quel sera le sort des impôts qu'il y trouva établis ? Dans quelles circonstances les augmenta-t-il ou en créa-t-il de nouveaux ? Comment exploita-t-il le riche domaine que lui assurait le traité de Vienne, et de quelle ressource furent finalement pour lui les anciens Duchés ? L'époque où nous entrons permet assez de le prévoir. Les ministres sont aux abois et font des efforts, maladroits souvent et impuissants toujours, pour combler le vide énorme que creusent de plus en plus dans le trésor deux guerres longues et coûteuses. Or, la dernière annexée parmi les provinces, ne l'étant même pas encore d'une façon avouée avant 1766, la Lorraine va, immédiatement après le départ de ses Ducs, être mise à contribution avec un empressement et une persistance regrettables. Les demandes d'argent seront répétées et excessives ; la liberté laissée aux traitants sur le sol lorrain, déplorable. On ne prendra pas pour les Duchés souci de l'avenir ; on ne combinera point les exigences en proportion des moyens. Le ministère veut bien assurer les Lorrains de sa sympathie ; mais, il n'a à leur égard qu'une sollicitude toute théorique ; on ne songe pas à se demander s'il est bien sage de détruire la ruche pour prendre le miel. La Lorraine est placée sous l'autorité plus directe des Contrôleurs Généraux des finances ; ils ne manqueront point de s'adresser à elle. Elle n'échappera en partie aux procédés des Boullongne et des Bertin qu'à force de plaintes et de résistance.

Quant à l'Intendant, — le chancelier La Galaizière, auquel succéda son fils en 1759 — chargé de promulguer au nom du roi de Pologne les édits bursaux arrêtés à Paris, il n'aura pas dans les conflits qu'ils susciteront un rôle facile. Si M. de La Galaizière père chercha, en toutes occasions, à diminuer à son profit et à celui du pouvoir central les vieilles prérogatives des Chambres des Comptes en matière financière, du moins ne dissimula-t-il pas à ses chefs l'excès des impôts. Il devança à plusieurs reprises les doléances qu'à chaque accroissement des charges présentaient, à Versailles, les Cours souveraines, en traçant au Gouvernement, au sujet de l'épuisement de sa Généralité, des tableaux, moins pathétiques que ceux de ces Compagnies, mais tout aussi précis. Il répéta qu'il serait prudent, humain même, de ménager davantage la Lorraine. Mais les prescriptions des ministres demeurèrent formelles. Les temps sont mauvais ; on ne saurait avoir d'autres préoccupations que celles du moment ; des subsides sont impérieusement réclamés ; le mot d'ordre est invariable : on ne cédera qu'à la dernière extrémité. Accusé par les Lorrains d'être l'auteur, sinon l'instigateur de toutes les mesures fiscales qui pèsent sur eux, M. de La Galaizière voit la magistrature comme le peuple le charger de toutes les responsabilités. C'est vers lui que vient battre le flot de toutes les mauvaises humeurs. On en profite pour attaquer avec violence tous les actes de son administration ; on s'aigrit de part et d'autre ; bientôt, à l'Intendant, injustement pris à partie sur la question financière, fait place le Chancelier irrité ; ce sont des excès, des coups d'autorité, des débats interminables et des malentendus successifs. La lutte fameuse de la Lorraine contre les édits des Vingtièmes restera une des pages les plus émouvantes des annales de la Province.

C'est en matière de finances que l'on s'est fait l'idée la moins juste de l'administration française sous Stanislas, de l'attitude surtout de l'Intendant. A la suite des contemporains des La Galaizière on nous a constamment montré ces derniers accablant, de leur propre mouvement, les Lorrains des lourds impôts qu'ils imaginaient. Des développements s'imposent aussi pour redonner aux faits leur véritable signification.

Les ressources que la France tirait de la Lorraine consistaient en quatre articles principaux, formant des groupes soigneusement distingués par les financiers ; c'était :

I. — Des *impôts directs* ou *impositions proprement dites;*

II. — Des *produits casuels,* fournis par les *créations d'offices:*

III. — Les produits des *eaux et forêts;*

IV. — Le prix du bail de la *Ferme générale* et celui des baux passés à des compagnies particulières pour l'exploitation du reste du *domaine foncier,* des *droits domaniaux,* des *monopoles* et *impôts indirects:* le produit de la *régie* de quelques autres de ces impôts.

PREMIÈRE PARTIE

LES IMPOSITIONS

La Lorraine ne connaissait ni la taille, ni la capitation ; la *Subvention* en tint constamment lieu au XVIIIe siècle. A l'exemple du Royaume elle fut assujettie aux *Vingtièmes*.

CHAPITRE PREMIER

LA SUBVENTION. — SUBVENTION PROPREMENT DITE
ET PONTS ET CHAUSSÉES.

La *Subvention* fut, de 1737 à 1750, la seule imposition générale perçue en Lorraine. C'était une institution française ; elle datait de l'occupation. Levée pour la première fois en 1635, elle devait subsister jusqu'à la Révolution.

Avant que la France se fût, au XVIIe siècle, emparée des Duchés, les revenus ordinaires des souverains lorrains ne consistaient que dans le produit de leur Domaine et dans quelques subsides assez légers. Les Ducs levaient un impôt qui était appelé *ayde Saint-Remy*, parce que le peuple le payait à la fête de ce saint, au premier jour d'octobre, et qui était de deux francs par ménage « le fort portant le faible ». C'était une taille personnelle. Lorsque des besoins impérieux exigeaient de plus grands secours, le prince convoquait les Etats auxquels il les demandait. Pour la levée et l'emploi de ce second impôt quatre commissaires étaient nommés : le premier représentant le souverain, le second le clergé, les deux autres la noblesse, ce qui formait un tribunal dit *Chambre des aides* où se jugeaient toutes les contestations. Ces impositions extraordinaires, accordées pour un temps, étaient désignées sous le nom d'*octrois*. Finalement, l'octroi le plus constant avait été le denier par franc du prix de chaque espèce de denrées ou de marchandises, et le dixième pôt du vin, ou des autres liqueurs, mis en vente (1). La convocation des États prit fin sous le règne orageux de Charles IV. La France ayant envahi la Lorraine, Louis XIV supprima les anciens subsides et les remplaça par la Subvention, résolvant ainsi dans les Duchés la question de la permanence de l'impôt.

Léopold, une fois rétabli sur le trône de ses pères, par la paix de Ryswick, supprima la capitation, que le gouvernement français avait aussi étendue à la Lorraine lors de sa création en 1692, mais il y maintint la *Subvention*.

L'étymologie de ce dernier impôt indique qu'il était destiné à subvenir aux charges de l'État. Cette contribution, extraordinaire par origine, était devenue normale par sa persistance. Il faut avoir soin de distinguer cette subvention lorraine des autres impositions françaises portant alors la même désignation. Ce mot, comme on sait, avait anciennement compris en France toute imposition ajoutée à celles déjà existantes, pour aider aux circonstances, et qui, momentanée, cessait au terme fixé pour sa durée. Depuis Sully, d'ailleurs, elle était très peu pratiquée. Une subvention continue était sortie de cette subvention temporaire. Imposée comme droit d'entrée aux abords des villes, bourgs et principaux villages du Royaume, par une déclaration du 8 janvier 1641, elle avait donné plus tard naissance à la subvention dite en détail, et à la subvention par doublement. On appliquait encore ce terme de subvention, ou mieux de

____

(1) *Archives nationales*. K. 1184. — Rogéville. *Dictionnaire des Ordonnances*, au mot *Imposition*.

subvention-taille, à des impositions comprises dans le brevet annuel des tailles, et qui se levaient dans quelques régions et localités de la France, toujours pour la même somme, au moyen d'un abonnement.

La Subvention lorraine était une imposition *mixte*, c'est-à-dire réelle et personnelle de sa nature, en ce qu'elle s'appuyait non seulement sur les fonds : *subvention d'exploitation*, — dite quelquefois *d'occupation*, si l'on avait affaire à des propriétés bâties, — mais encore sur les facultés connues et présumées des contribuables, sur le commerce et sur l'industrie. Elle tenait donc lieu à la fois de la taille personnelle, ordinairement pratiquée dans les pays d'Élections, et de la taille réelle, plus spéciale aux pays d'Etat.

SECTION 1. — Mécanisme de la répartition.

Voici quel était, à l'époque qui nous occupe, le mécanisme de la répartition de la Subvention. Chaque année, le Contrôleur Général des finances décidait approximativement, et selon les besoins, quelle somme serait exigée de la Lorraine. Sur cette base, l'Intendant dressait un état qu'il envoyait à Paris pour y être approuvé et qui portait le chiffre de la Subvention à demander aux contribuables. Le visa ayant été donné par le ministère, cette somme était, par les soins de l'Intendant, imposée sur la Province, au nom du roi de Pologne et en vertu d'un arrêt du Conseil des finances de Lorraine (1). Puis, l'arrêt du Conseil était adressé aux deux Chambres des Comptes de Nancy et de Bar ; en matière financière, comme nous allons le voir, l'ancienne distinction entre les deux Duchés subsistait encore de fait ; les parts de contributions retombant respectivement sur l'une et l'autre portion de la Province étaient déterminées. Le rapport varia plusieurs fois ; Léopold en avait mis les deux tiers sur la Lorraine et l'autre tiers sur le Barrois ;

(1) *Archives nationales, ibid.*

l'arrêt du Conseil des financ   du 26 septembre 1737 modifia
la répartition ; trois cinquièmes furent imposés sur la Lorraine
et deux cinquièmes sur le Barrois ; cette mesure était fâcheuse,
la Lorraine avait 92,000 contribuables environ, le Barrois
42,000 ; ce dernier était donc visiblement trop chargé, aussi la
règle fut-elle encore changée plus tard, sans que d'ailleurs, on
parvînt à contenter à la fois l'une et l'autre contrée (1).

Lorsque les Chambres avaient eu signification de l'arrêt du
Conseil, elles procédaient, chacune sur les communautés de son
ressort, à la répartition de la somme qui leur était assignée. Pour
que ce travail se fît avec ordre, le ressort de chaque Chambre
était divisé en autant de départements qu'il y avait de maîtres
des comptes ; chaque maître recevait les rôles dépendant de son
ldépartement, en faisait le dépouillement et la division en trois
catégories. Dans l'une étaient placés les laboureurs, dans l'autre
es manœuvres, dans la troisième les femmes veuves, — dont
deux étaient comptées pour un manœuvre, à moins qu'elles ne
tinssent labourage, auquel cas elles étaient comprises dans le
premier groupement. Afin de bien saisir comment les Chambres
arrivaient ainsi à un résultat, il faut expliquer le principe sur
lequel elles s'appuyaient dans leurs calculs. En 1706, le duc
Léopold avait donné mission à des commissaires, tirés des
Chambres des Comptes, de visiter tous les villes et villages de
ses Etats. Prévôtés et cantons avaient été assignés à ces magistrats pour qu'ils pussent y reconnaître en chaque point la qualité
du sol, la nature des productions, les débouchés pour le commerce, le nombre des habitants des différentes classes, bref,
tout ce qui permettrait de juger du plus ou moins d'aisance de
chaque lieu. Ce grand ouvrage avait été exécuté avec beaucoup
de zèle et d'intelligence. Tous les renseignements recueillis, on
avait fixé la cote à laquelle chaque catégorie de contribuables
pouvait être taxée en moyenne : c'est ce qui fut appelé le *pied-*

(1) Cf. Durival. *Description de la Lorraine*, I, p. 162 et 328.

certain, parce que ces chiffres devaient être invariables, et c'est de là que partaient les Chambres pour déterminer la cote d'une communauté. Nous avons dit que dans le dépouillement des rôles, les maîtres des comptes divisaient les contribuables en classes ; ils faisaient le total des sommes obtenues suivant le *pied-certain :* par exemple :

20 laboureurs à 10 l.	200 l.
40 manœuvres à 3 l.	120 l.
8 femmes veuves dont deux pour un manœuvre.	12 l.
Total :	332 l.

On reportait sur cette somme ce qui en manquait pour atteindre celle à imposer, en sorte que s'il fallait 996 livres on triplait le pied-certain qui subissait une augmentation proportionnelle à celle de l'impôt. L'application du principe du pied-certain n'était peut-être pas tout à fait exempte d'abus et d'injustice, mais il s'en fallait de beaucoup qu'on y fût autant exposé que pour la taille arbitraire du Royaume pour laquelle on n'avait aucun point de repère fixe. Toutefois, chaque année, on devait apporter une confiance moindre à la précision du pied-certain, par suite des changements qui survenaient peu à peu dans la géographie économique du pays. Il fut plusieurs fois question de renouveler le pied-certain, mais on hésita devant les difficultés d'une telle œuvre (1). Les commissaires répartissaient donc sur chaque paroisse la somme qu'elle devait supporter eu égard au nombre et à la qualité de ses habitants. Je vois par les états de la subvention pour 1755, que de la seule Chambre de Nancy dépendaient douze départements comprenant 1,249 villages ayant tous leur feuille de subvention spéciale , 484 autres localités y étaient jointes sans parler des hameaux, censes, fiefs, etc (2).

(1) *Archives nationales, ibid.*
(2) *Ms. 58 de la Bibliothèque de Nancy.*

Remises par les Chambres au receveur général en exercice, les feuilles étaient alors distribuées entre les différentes recettes particulières ; les receveurs particuliers devaient dans les 24 heures, à peine de 100 francs d'amende, les faire parvenir aux communautés. Ces feuilles de subvention, ou *mandements*, indiquaient à chaque paroisse la somme pour laquelle elle était taxée. Adressées aux maires et habitants, au nom du roi de Pologne et de la Chambre des Comptes, elles contenaient de plus une instruction détaillée sur les règles à observer dans la répartition entre les habitants ; elles énuméraient les devoirs des officiers municipaux à ce propos, ceux des asseyeurs et des collecteurs. « Ce n'étoit d'abord qu'une simple feuille, à présent c'est un volume trop considérable pour être clair : mais les habitants s'entendent par habitude, et par des usages de cent ans » nous dit Durival (1). En 1724, le mandement n'était encore que de quatre petites pages ; dès 1757, il atteignait huit grandes pages in-folio d'un texte très serré. L'augmentation des impositions, la série des règlements successifs amenèrent, en effet, après 1737, une complication très grande dans le mécanisme de la perception (2).

Les feuilles ayant été distribuées, il restait à chaque communauté à opérer à son tour la répartition entre ses contribuables. Pour cela, dans les trois jours au plus tard, le maire, ou à son défaut quelqu'autre officier du lieu, assemblait les habitants, donnait lecture du mandement ; on procédait ensuite à l'élection des *asseyeurs* et des *collecteurs*. Tout contribuable était tenu, sous peine de 5 francs d'amende, applicables à la fabrique, de répondre à l'appel et de venir voter. Collecteurs et asseyeurs étaient nommés à la pluralité des voix. Chaque paroisse élisait trois asseyeurs tirés des trois classes de contribuables : un de la haute classe ou classe des riches, un de la moyenne, le dernier

---

(1) Cf. Durival, *ibid.*, p. 324.

(2) *Archives de la Cour d'Appel de Nancy*, passim (Mandements et pièces diverses concernant la Subvention).

de la basse classe ou classe des manœuvres. L'un des asseyeurs, au moins, devait savoir lire et écrire. Les collecteurs étaient choisis au nombre de deux ; ils devaient être solvables et exclusivement tirés des deux premières classes. Asseyeurs et collecteurs prêtaient à l'instant serment et s'engageaient à travailler gratuitement.

Les asseyeurs s'assemblaient dans le jour qui suivaient leur nomination pour effectuer sans retard, et sous leur responsabilité, la répartition à l'aide du pied-certain : « le fort portant le faible, le plus également que faire se pouvait et en sorte que la somme fût exigible et sans non-valeurs » ; besogne longue, difficile à remplir à la satisfaction de tous les contribuables. Les rôles une fois dressés, copie en était remise aux collecteurs pour la levée des deniers. Les collecteurs devaient être en état, aux échéances fixées, de délivrer aux receveurs particuliers la somme imposée, à peine de tous dépens, et sauf leur recours contre les retardataires. La Subvention était due en janvier et juillet, en deux termes égaux appelés assez improprement : *quartiers*. Lorsque les fonds ne rentraient pas à la date voulue, les receveurs envoyaient leurs porteurs de contraintes. Pour les contribuables, c'était : l'exécution et la vente des meubles ; pour les collecteurs en défaut : la contrainte par corps et l'emprisonnement. Sans parler de la perte de temps occasionnée par ces désagréables opérations de l'assiette et de la collecte, on conçoit combien, dans ces conditions, il était surtout périlleux d'être collecteur. Plus d'un y succomba. En 1756, il fallut, par exemple, un arrêt ordonnant la réimposition de 930 livres, par suite de la « banqueroute » des collecteurs de la commune de Thon (1).

(1) *Archives de la Meuse*, B. 448-470.

SECTION II. — **Subvention proprement dite.**

La Subvention comprenait deux parties : l'imposition principale ou *Subvention proprement dite* et les impositions accessoires, appelées de préférence : *Ponts et Chaussées*. Cette division était mentionnée sur les mandements. Bien que la répartition des impositions accessoires se fît sur le même pied que celle de la Subvention principale, un second brevet était nécessaire pour leur perception, cette charge concernant un plus grand nombre de contribuables et s'étendant à des exempts de la Subvention elle-même. Pour cette raison, il fallait aussi deux rôles distincts par paroisse. Nous allons examiner séparément ces deux éléments de la Subvention ; jusqu'ici nous avions exclusivement employé ce mot de subvention dans son sens fort.

La *Subvention principale* fut la seule à l'origine. Les trois derniers quartiers de l'année 1698, à l'arrivée de Léopold, rapportèrent 269.689 liv. 14 s. 10 d. (1) ; pour l'année 1700, elle s'éleva à 459.217 liv. 10 s. 6 d. Fixée à 823.000 de 1704 à 1706, elle avait atteint, après l'établissement du pied-certain, en 1709, 1.143,000 liv. Suivant la marche ascendante de la prospérité du pays, et aussi proportionnée aux besoins croissants du prince, qui, en 1722, y avait ajouté une somme de 100.000 fr. pour les blés, elle était arrivée à 1.815.620 liv. en 1727, et dès lors était restée stationnaire (2). C'est cette somme de 1.815.620 liv. que la Province payait encore en 1737. Dans ces 1.815.620 liv. la principauté de Commercy était comprise pour environ 15.000 livres. La Convention de Versailles, du

(1) Sauf indication contraire il s'agira toujours de *livres lorraines*. La livre de Lorraine valait à l'époque qui nous occupe : 0 fr. 80 c. de notre monnaie (*tables de M. de Riocour*), et $\frac{21}{31}$ de livre tournois.

(2) *Très humbles et très respectueuses Remontrances que présentent au Roy... les gens tenans sa Chambre des Comptes de Lorraine...* Du 21 janvier 1761 ; in-4° de 47 p. — Durival. *Ibid.* ; — etc.

1er décembre 1736, avait cédé à la veuve de Léopold la souveraineté viagère de ce petit pays ; la Subvention fut en conséquence, par arrêt du 26 septembre 1737, modérée à 1.800.000 liv (1). Mais, après la mort de Mme Royale, à la fin de 1744, on ne manqua pas de réaugmenter l'impôt de plus de 20.000 liv. De 1747 à 1750 la Subvention se montait à 1.823.000 liv. ; elle était de 1.825.000 en 1766 (2).

SECTION III. — Les Ponts et Chaussées.

Si l'imposition principale ne subit pas, comme on le voit, d'accroissement bien notable sous l'administration française, il n'en fut pas de même des impositions accessoires. Ces dernières furent considérablement augmentées ; elles sont par conséquent les plus intéressantes à étudier. Le premier impôt accessoire qui fut ajouté à la Subvention primitive datait de 1724. Léopold avait décidé la levée de 100.000 liv. pour subvenir aux travaux des routes et depuis lors cette somme avait été constamment maintenue. Jusqu'en 1737, l'imposition pour les ponts et chaussées avait été unique en son genre. La Subvention principale, en effet, devait suffire à toutes les autres charges de l'État. Le détail de l'emploi qui est censé fait des deniers de la Subvention est donné dans les arrêts du Conseil et les légistes trouvent de même que leur destination comporte : l'entretien des maisons ducales, des murailles, des hôtels et des prisons des villes ; les appointements des principaux officiers de la couronne et de l'état-major ; l'habillement, les fourrages, le logement, l'ustensile, les bois et chandelles des troupes, l'entretien de la maréchaussée ; l'acquittement des dettes d'État.

(1) *Recueil des ordonnances de Lorraine*, VI, p. 69.

(2) Pour les différents chiffres et détails qui suivent, confronter surtout les registres de la *Recette Générale des finances* des années correspondantes. — Voir aussi la bibliographie générale placée en tête de l'ouvrage.

Le Gouvernement français ne tarda pas à multiplier les impositions accessoires pour satisfaire à des dépenses au payement desquelles la subvention principale était par nature destinée. De la première d'entre elles, ces impositions prirent la dénomination générique de *Ponts et Chaussées*, dans le langage courant tout d'abord, et bientôt dans les mandements. Les financiers d'alors les distinguaient en plusieurs classes. Sous le point de vue le plus général, elles sont toutes dites *accessoires*, comme s'opposant à l'impôt principal, et quoiqu'elles arrivent, comme en 1758, à le dépasser sensiblement. On les divisait aussi en charges anciennes et charges nouvelles, selon qu'elles avaient été établies sous le régime ducal, comme les Ponts et Chaussées proprement dits, ou après 1737. Appelées quelquefois sans distinction : *extraordinaires*, eu égard à l'imposition normale, elles étaient de préférence partagées à leur tour en ordinaires et extraordinaires. Les ordinaires étaient celles levées pour des besoins permanents ; les extraordinaires, au contraire, avaient été créées d'une façon temporaire, et pour satisfaire à des dépenses passagères ; mais, c'était là une distinction plutôt théorique ; en réalité, la plupart de ces impositions extraordinaires survécurent aux causes qui leur avaient donné naissance. Par rapport à la quotité, les unes étaient fixes, les autres variables suivant les besoins. Le plus grand nombre d'entre elles pouvait enfin être compris sous la dénomination d'impositions militaires ; en voici d'ailleurs la liste.

Imposition accessoire ancienne.

a) Ponts et Chaussées proprement dits. — Cette imposition fixée à 100.000 liv. fut conservée par l'administration française qui l'augmenta d'un sol pour livre comme frais de répartition, soit 105.000 liv. Elle était destinée aux dépenses ordinaires du département des Ponts et Chaussées, indépendamment des corvées faites par les sujets.

Impositions accessoires nouvelles.

b) Supplément du prix des fourrages des troupes. — Cette imposition, ordinaire et de quotité variable, fut établie par arrêt du Conseil des finances du 10 octobre 1737. A cette époque, des escadrons de cavalerie française furent mis en quartier dans la Province. Comme on avait choisi, disait l'arrêt, les régions les plus abondantes en fourrages, ce qui procurait une consommation avantageuse de ces denrées qui ne pourraient être vendues qu'à vil prix si leurs propriétaires étaient obligés de les transporter pour les débiter ; que, d'autre part, l'expérience avait fait connaître aux provinces voisines les diverses utilités que le séjour des troupes leur procurait, — de telle sorte qu'elles ne considéraient point comme une charge onéreuse l'obligation de payer les sommes imposées à cet effet, — S. M. jugeait nécessaire et convenable de percevoir sur ses sujets le montant de l'excédent du prix réglé pour les fourrages à fournir aux escadrons, avec le sol pour livre en sus (1). Cinq sols étaient au compte du roi, le surplus à celui de la Province. En 1738, l'imposition des fourrages fut de 368,415 liv. ; de 575,345 en 1739 ; 492,566 liv. 16 s. 2 d. en 1740 ; puis, s'étant peu à peu régularisée, elle put être comptée, année moyenne, pour environ 400,000 liv.

Cette contribution se paya constamment, même pendant les guerres, quoiqu'alors aucune troupe ne restât dans les Duchés, et que, par conséquent, le pays ne pût jouir d'aucun de ces avantages que la présence des cavaliers devait lui procurer en compensation.

c) Solde et entretien de la Maréchaussée. — Imposition ordinaire et fixe. Un édit du mois d'octobre 1738 supprima l'ancienne maréchaussée lorraine pour la recréer à l'instar de celle de France. Les gages du prévôt et de quatre lieutenants, dont les offices étaient à titre de finance, se trouvaient à la charge

____

(1) *Recueil des ord. de Lorraine*, VI, p. 72.

du roi, mais les 88,600 liv. tournois pour la solde des cavaliers et le sol pour livre de cette somme furent imposés sur la Province à raison de 120,163 liv. 15 s. de Lorraine. Cet impôt, en 1758, atteignit 121,286 liv. 15 s. 4 d. Ainsi, disait au roi la Chambre des Comptes de Nancy, dans ses remontrances de 1740, « ainsi la solde de la maréchaussée est payée doublement et en deux manières par vos sujets ; l'une par le moyen de la subvention dans laquelle cette partie a toujours été comprise, et l'autre par le moyen de l'imposition nouvelle qui a été établie pour cet objet particulier ; sur quoi, Sire, il y a encore cette circonstance digne de vous être remontrée que les charges des principaux officiers de la maréchaussée ayant été mises en finances depuis le règne seulement de Votre Majesté ont produit des sommes assez considérables qui semblent former un motif d'autant plus naturel de diminuer plutôt que d'augmenter la contribution de vos sujets pour cette même partie... (1) ».

d) Fortifications de Bitche. — La levée de cette imposition, soi-disant extraordinaire, et d'une quotité fixe de 64,583 liv. 6 s. 8 d. (50,000 liv. tournois), fut décidée en 1741 pour payer les réparations des fortifications de Bitche entreprises à cette époque. D'abord versée régulièrement à l'adjudicataire des travaux, cette somme que, plus tard, on n'eut plus occasion d'employer à sa destination, était encore perçue à la veille de la Révolution. La Chambre des Comptes de Lorraine faisait assez justement remarquer que compensation pourrait en être faite avec les 100,000 liv. qui avaient été ajoutées à la Subvention en 1725 pour l'établissement de magasins à blé, puisque ces magasins n'existaient plus.

e) Habillement de la milice. — Lorsque, cette même année 1741, par une ordonnance du mois d'octobre, des milices furent levées pour la première fois en Lorraine, le prix tant de l'armement que de l'habillement des bataillons fut réparti sur les

(1) *Ms. 484 de la Bibliothèque de Nancy.*

communautés, au marc la livre des autres impositions. Depuis, toute la dépense nécessitée par les différentes levées, par la création des régiments Royal-Lorraine et Royal-Barrois, par les réparations de l'équipement, etc., resta à la charge du pays. Durant la guerre de la Succession d'Autriche et celle de Sept ans, à chaque accroissement de l'effectif correspondit un nouvel accroissement de cette contribution, ordinaire et variable. L'arrêt du Conseil des finances du 27 janvier 1748, par exemple, ordonna l'imposition de 111,137 liv. 14 s. de France, à cause des miliciens d'augmentation (1). Même en temps de paix, l'entretien de la milice ne formait jamais un total négligeable. A la suppression temporaire des milices, en 1760, les frais occasionnés par les recrues provinciales retombèrent de même sur la Lorraine.

f) Chevaux d'ordonnance; construction de redoutes. — La construction des redoutes sur la Meuse et la Moselle, en temps de guerre, l'organisation des courriers d'ordonnance sur les routes de la Province pour la communication des officiers généraux français entre eux, furent également mises à la charge des anciens Duchés; c'est en 1745, par exemple, 6,346 liv. 6 s. 2 d. pour des redoutes sur la Meuse, ou en 1747, 4,762 liv. 7 s. 6 d. pour des chevaux d'ordonnance. Les Lorrains supportaient avec mauvaise humeur ces suppléments de contribution que le Gouvernement n'avait aucun motif plausible de faire retomber exclusivement sur une contrée déjà si éprouvée par le passage incessant des armées.

g) Appointements du lieutenant général de la Province et des gouverneurs des villes. — Une charge de lieutenant général au gouvernement de Lorraine ayant été créée en 1744, puis trois charges de lieutenants particuliers du roi en 1745, les appointements en furent imposés sur la Province, bien que le lieutenant général n'y résidât point et que ces positions ne fussent

(1) Cf. Durival, *ibid.*, I, p. 195.

que d'honorifiques sinécures. Ces appointements étaient fort
élevés ; c'était : 15,500 liv. pour le lieutenant général et
21,312 liv. 10 s. pour les lieutenants particuliers. Ces derniers
furent supprimés en 1748 et des gouverneurs de villes et de
châteaux-forts leur furent substitués quoiqu'il n'y eût en Lorraine que des places ouvertes ou démantelées. Le pays ne
gagna pas à ce changement. Pour payer les gouverneurs, on
lui demanda annuellement 58, 383 liv. 6 s. 8 d. sans compter
le sol pour livre. A partir de 1751 ce furent de même : un supplément de rétribution au commandant de Sarreguemines et
diverses pensions à d'autres gouverneurs ; enfin, il fallait entretenir un secrétaire au gouvernement de Lorraine avec des
appointements de 2,583 liv. 6. s. 8 d.

h Ameublement de l'hôtel du commandant général. — Pour
clore la liste des impositions accessoires militaires, disons de
suite que, lorsqu'en 1764, le commandement général de la Lorraine fut séparé de celui des Trois-Evêchés, l'installation du
commandant à Nancy fut l'occasion d'une nouvelle augmentation
des Ponts et Chaussées. Le roi de Pologne avait fait au nom de
la ville l'acquisition d'un hôtel que cette dernière aménagea.
Restait le mobilier. L'usage était que les meubles fussent fournis
aux gouverneurs par les provinces ou les villes. Le commandant général, M. de Stainville, émit pareille prétention à son
avantage et envoya de Paris un état détaillé de l'ameublement
qui lui était nécessaire ; le tout était du plus grand luxe et
l'importance en parut excessive aux ministres eux-mêmes. Le
Contrôleur Général Laverdy écrivait à l'Intendant au sujet de ces
exigences : « Je viens, Monsieur, de meubler pour 16.000 liv.
de la cave aux greniers, excepté les glaces, l'hôtel du contrôle à
Compiègne, et je vous avoue que je ne conçois pas que pour
meubler l'hôtel du commandant qui ne peut être aussi vaste, il
a pu en coûter une somme aussi exorbitante que celle que vous
m'avez annoncée. S'il fallait pour loger chaque commandant une
acquisition de 100.000 liv., des réparations de 50.000 et un

ameublement de 63.000 liv. (tournois) toutes les provinces de France seraient bientôt ruinées » (1). Cependant les Lorrains n'en payèrent pas moins, depuis les lustres jusqu'à l'écritoire et la cloche de bureau, la somptueuse installation que M. de Stainville, à son arrivée, jugea même à propos de compléter encore. 86.206 liv. y furent finalement consacrées et levées sur la Province durant les années 1765 et 1766 (2).

i) Appointements de l'inspecteur des manufactures. — Beaucoup plus admissible était l'imposition de 3.100 liv. ordonnée, à partir de 1750, pour payer un inspecteur des manufactures, puisque ce fonctionnaire contribuait à la prospérité de l'industrie lorraine. Dès la fin de 1762 il n'y eut plus d'inspecteur des manufactures dans la Province ; l'impôt n'en fut pas moins maintenu. Le rapporteur de l'assemblée provinciale pourra encore constater ce manque de logique en 1787.

j) Les gages du suisse-concierge du Palais de Nancy furent mis, en 1751, par une mention spéciale, à la charge des contribuables.

k) Gages des officiers des eaux et forêts, de justice et des finances. — Nous arrivons à l'imposition accessoire la plus injuste, à celle qui suscita les plaintes les plus vives de la Lorraine. Nous dirons plus loin à quels nombreux remaniements des offices se livra l'administration française. En 1737, 1741 et 1749, ce fut parmi le personnel des finances ; en 1747, parmi celui des eaux et forêts ; ce furent encore la suppression de l'ancienne organisation judiciaire et la création de nouveaux bailliages et prévôtés qui eurent lieu en 1751. Or, c'est ce dernier changement qui fut le signal du singulier procédé employé par le ministère. Tous les officiers des nouvelles créations faites depuis 1737 recevaient des gages proportionnés aux finances de leurs charges ; le payement de ces gages devait

(1) Lettre de Laverdy à La Galaizière, du 3 août 1764 : (*Archives de Meurthe-et-Moselle*, C. 83).

(2) *Ibid.*

atteindre après 1751 : 578.907 liv. On jugea à propos, à Paris, de le faire retomber sur la Province. Une augmentation si considérable des impositions eut un contre-coup fâcheux. La Chambre des Comptes de Nancy déclare que la taxe d'une communauté qui n'était encore en 1751 que de 3.000 liv. atteignit de ce fait dès l'année suivante, 4.000 liv. (1). Le peuple payait ainsi à la décharge du roi l'intérêt des fonds sortis des mains des acquéreurs d'offices et entrés dans ses coffres. En modifiant les différents départements administratifs le Gouvernement avait déclaré vouloir assimiler les Duchés aux provinces de France. Or, aucune de ces provinces n'était chargée du payement des gages des officiers des finances, des maîtrises et de judicature ; cet objet se prenait sur le Trésor royal puisque les finances y avaient été versées. Bien plus, près de la moitié des offices de judicature ne fut point levée, de telle sorte que la Lorraine fut imposée pour des gages d'officiers qui n'existaient pas. Par suite de la taxe du Vingtième, ce surcroît d'imposition était odieux à un autre titre encore ; la Chambre des Comptes de Lorraine l'expliquait en ces termes : « si le tribut subsistait, vos sujets payeroient par doublement une dette d'état et comme Votre Majesté a destiné le produit du Vingtième à l'acquittement de cette espèce de dette dont la finance des offices créés fait actuellement partie, il nous paroit, Sire, que les gages qui y sont attachés et qui tiennent lieu de l'intérêt de la finance ne peuvent être à la charge de votre peuple.

« L'intention de Votre Majesté ne fut jamais d'étendre le Vingtième au delà de ses justes bornes, et il recevroit une extension par le moyen d'une imposition indirecte pour le payement des intérêts d'une dette d'état..... (2) ».

(1) *Remontrances du 22 août 1752.* (Nous avons trouvé cette pièce manuscrite dans divers dépôts; il en est de même des autres Remontrances pour lesquelles nous ne donnons point d'indication bibliographique.)

(2) *Ibid.*

Bien que les autres Cours supérieures eussent à leur tour demandé, à plusieurs reprises, et avec une grande insistance, la suppression de cette lourde charge, il leur fallut lutter longtemps, et avec une rare vigueur, pour que les ministres français consentissent à céder et à faire supprimer enfin pour 1759 une mention qui figura pendant sept années sur les mandements de la Subvention.

b) Reconstruction de la ville de Saint-Dié. — Il eût été à souhaiter que les Ponts et Chaussées ne comprissent que des contributions établies dans le même esprit que celle qu'il nous reste à indiquer. Le 27 juillet 1757, un incendie terrible éclata à Saint-Dié et dévora en quatre heures 116 maisons ; le 6 septembre suivant, 8 autres maisons furent encore consumées (1)· Un arrêt du Conseil des finances, du 27 octobre, ordonna le rétablissement de la malheureuse ville et imposa à cet effet sur la Province 129.166 liv. (100.000 liv. tournois) destinées surtout au tracé des rues et à l'élévation des façades. Cette contribution fut répartie en trois années : 38.750 liv. en 1758 ; pareille somme en 1759, et 51.666 liv. en 1760 ; on y ajouta le sol pour livre (2).

SECTION IV. — **Les exempts et les non exempts.**

La Subvention était une imposition roturière ; mais, comme tout roturier n'était pas par cela même contribuable, qu'il y avait de nombreuses exceptions, que les exemptions variaient suivant qu'il s'agissait de l'impôt principal ou des accessoires, que le système jusqu'alors suivi fut notablement modifié à la fin du règne de Stanislas ; que, d'autre part, dans certains cas, les classes privilégiées n'échappèrent pas entièrement à cette charge, que la franchise qu'on leur attribue d'habitude est trop absolue,

(1) Cf. Durival, *Ibid.* I, p. 225.
(2) *Archives nationales*, Série E (Arrêts du Conseil, par ordre chronologique).

il est indispensable de dresser la nomenclature exacte et commentée des différentes personnes qui, à un titre ou à un autre, jouirent d'exemptions, totales ou partielles, définitives ou temporaires, sous l'administration française (1).

Première période ; de 1737 à 1764 inclusivement.

I. — Sont exempts à la fois de la Subvention proprement dite et des Ponts et Chaussées :

1° Classes privilégiées.

a) Les *ecclésiastiques*, qui, toutefois, deviennent cotisables lorsqu'ils prennent des biens à ferme, commercent ou même cultivent par leurs mains des terres leur appartenant en propre.

b) Les *nobles*, bien qu'ils exploitent leurs terres en personne, pourvu que leurs domestiques ne possèdent aucun bien propre et ne fassent aucun trafic.

2° Villes privilégiées.

Les habitants de *Nancy*, de *Lunéville* et de *Bar*.

3° Ancienne Maison de Lorraine.

Les officiers et domestiques des membres de l'ancienne Maison ducale, inscrits sur l'état des gages et pensions. En vertu de l'article XV de la convention de Vienne, du 28 août 1736, ils devaient continuer à jouir de tous leurs franchises et privilèges.

4° Justice, finances, fonctionnaires et officiers divers.

a) Les commensaux de la Maison du roi de Pologne.

(1) Mandements et pièces diverses non classées (*Archives de la Cour d'appel de Nancy ; Archives de Meurthe-et-Moselle ; de la Meuse ; etc.*).

b) Les lieutenants généraux et procureurs du roi des bailliages.

Les receveurs généraux et particuliers, les contrôleurs généraux des finances, domaines et bois. Leurs veuves pendant le temps de viduité.

c) Les commis et préposés que les receveurs généraux des domaines et bois emploient pour remplir l'office de receveurs particuliers, à condition qu'ils exhibent une commission en bonne forme.

d) Les lieutenants des chasses ; les gardes du corps de Stanislas ; même leurs femmes, — si ces dernières tiennent ferme ou boutique elles payent seulement la moitié de ce que leurs maris devraient supporter.

5° *Ferme générale.*

Les employés des Fermes, pendant le temps de leurs fonctions, mais à condition de ne faire valoir personnellement aucun bien, de n'avoir d'autre industrie que leur commission, et de n'être point compris dans les rôles, lors de leur nomination. Cette dispense visait donc surtout le nombreux personnel d'employés français que la Ferme occupa en Lorraine à partir de 1737.

6° *Services d'intérêt général.*

a) Les maîtres des postes aux chevaux, pourvus par brevet (déclaration du 21 octobre 1751).

b) Le directeur des postes ; les facteurs et commis au bureau de la distribution des lettres, à condition de n'être point de la première classe des contribuables.

c) Les salpêtriers, s'ils ne sont ni laboureurs ni artisans, mais appartiennent à la classe des manœuvres.

7° *Sinistrés.*

Ceux dont la maison a été incendiée, sans qu'il y ait eu de leur faute, sont exempts pour trois années à charge de rebâtir leur immeuble pendant le même temps et de le rendre logeable. Les locataires qui auront souffert du sinistre seront exemptés pour une année seulement.

8° *Étrangers venant s'établir en Lorraine.*

a) Évêchois. Ils sont exempts pendant les sept premières années de leur établissement en terre lorraine, s'ils sortent d'une ville ; pendant trois ans, s'ils viennent d'un village. s'ils prennent des terres à ferme, l'exemption n'est que d'une année.

b) Champenois. Ils ne payent aucune imposition personnelle pendant dix ans, mais ils sont cotisés pour les terres qu'ils cultivent.

Les uns et les autres doivent justifier qu'ils payent la taille dans le lieu de leur ancienne résidence.

II. — Beaucoup de contribuables qui n'étaient point compris au rôle principal figuraient sur celui des Ponts et Chaussées.

Ainsi, payaient intégralement les taxes accessoires, mais étaient exempts, en totalité ou en partie, de la Subvention proprement dite :

1° *Fonctionnaires et officiers divers.*

a) Maréchaussée. Les officiers et les hommes dont la cote n'excédait pas 10 livres lors de l'expédition de leur commission. Les autres restaient cotisés à 10 livres.

b) Chasses. Les brigadiers des chasses, autres que les contribuables de la première classe, ne payaient que la moitié de la cote à laquelle ils étaient imposés lors de l'obtention de leur commission. Les gardes-chasses, à condition d'appartenir à la classe des manœuvres, ne payaient la Subvention que d'après le pied-certain auquel ils étaient fixés auparavant, sans qu'il pût être augmenté à raison de leur emploi.

2° *Ferme générale.*

Il en était de même pour tous les commis, gardes et préposés à la perception des droits de Ferme, et compris au rôle avant leur entrée en fonctions (arrêt du 12 septembre 1750).

3° *Miliciens et hommes au service.*

a) La cote des miliciens servant hors de la Province était diminuée, pour la Subvention principale seulement, de dix livres par chaque année de service. Les cotes de leur père ou de leur mère veuve, ne pouvaient être augmentées pendant ce temps par les asseyeurs, à moins d'un notable changement dans les facultés.

b) Les miliciens qui avaient servi six ans, et ceux qui, incorporés dans les troupes, avaient obtenu leur congé absolu après six années, étaient exempts pendant un an. S'ils se mariaient dans ce laps de temps, ils jouissaient de deux nouvelles années d'exemption. Le tout ne s'entendait que de leurs biens propres et non de ceux qu'ils prenaient à ferme (ordonnance du 18 novembre 1748).

c) Les femmes d'artisans et de manœuvres servant dans les troupes étaient imposées pour la moitié des cotes que leurs maris auraient payées s'ils n'avaient été au service.

4° *Famille.*

a) Les parents de dix enfants vivants, que ces enfants habitassent ou non au foyer paternel.

b) Les nouveaux mariés, célibataires ou veufs, pendant un an.

5° *Fermiers et domestiques des seigneurs et du Domaine.*

a) Les fermiers et meuniers des Commanderies de l'Ordre de Malte, en raison des terres et droits en dépendant.

b) Les fermiers ou admodiateurs des hauts justiciers pour les terres dépendant des hautes justices.

c) Les fermiers, sous-fermiers et meuniers du Domaine, là où il y avait haute, moyenne, basse ou foncière justice.

d) Les jardiniers, portiers, bergers, marcaires des seigneuries et nefs ayant droit de troupeau à part, lorsqu'ils demeuraient dans la maison du seigneur et étaient à ses gages.

e) Un jardinier des seigneurs de simple fief, pourvu qu'il n'eût pas de terre à lui ou à ferme, et qu'il ne prît point part aux biens communaux.

Dès 1737, l'Intendant avait demandé à la Chambre des Comptes de Lorraine, ce qu'elle pensait de ces privilèges dont jouissaient les hauts justiciers, et il avait manifesté l'intention de les supprimer. La Chambre s'émut et défendit chaleureusement le maintien de l'état de choses. « Ces privilèges dont cette noblesse jouit actuellement », déclara-t-elle à M. de la Galaizière, dans un mémoire en forme de remontrances du 14 août 1737, « ces privilèges sont enfermés dans des bornes trop étroites et ils sont d'ailleurs fondés sur des titres trop respectables pour pouvoir craindre quelque altération ou ébranlement sous le règne d'un roi généreux qui n'emploiera la plénitude de sa puissance qu'à édifier et non à détruire... » (1). Devant ces réclamations, l'Intendant eut le tort de renoncer trop facilement à accomplir une réforme qui tendait au soulagement des classes les plus intéressantes du pays.

6° *Nouvelles constructions.*

a) Ceux qui bâtissaient une maison d'habitation dans une ville, ou à la campagne une maison avec engrangement et écurie, étaient exempts de la Subvention pendant un an.

b) Ceux qui ne bâtissaient qu'un logement, mais avec écurie et engrangement, voyaient leur cote réduite des deux tiers.

(1) *Mémoire en forme de remontrances de la Chambre des Comptes de Lorraine.*

c) Pour un logement, ou une écurie, ou un engrangement, la cote n'était diminuée que d'un tiers.

7° *Brevet de franchise.*

Quelques personnes pourvues à titre particulier, et par faveur spéciale, d'un brevet de franchise, enregistré régulièrement à la Chambre des Comptes, jouissaient de l'exemption, à condition de ne pas prendre de biens à ferme et de ne faire aucun commerce.

Deuxième période ; de 1765 à 1767.

Un moyen plusieurs fois employé par la Royauté dans les conjonctures critiques où l'État avait besoin de toutes ses ressources, pour améliorer les finances et satisfaire à des dettes forcées, fut la diminution des exempts de la taille. Ce procédé était aussi le moins blâmable en ce qu'il perfectionnait la perception de l'impôt et en partageait le fardeau avec plus d'équité. Lors de la guerre de Sept-Ans, par exemple, des déclarations du 17 août 1757 et du 13 juillet 1764, furent publiées dans ce sens. La dernière supprima, pour trois années après la paix, les divers privilèges relatifs à la taille, à l'exception de ceux attachés aux offices des Cours et aux grades militaires. Laverdy étendit cette mesure à la Subvention lorraine. Une déclaration de Stanislas, du 26 novembre 1764, qui fut bien accueillie par les habitants des campagnes, porta suspension des privilèges d'exemption afin de laisser plus entièrement, disait-elle, les paysans aux travaux précieux de l'agriculture (1). Avec le nouveau système apparut bien nettement la nature mixte de la Subvention. La division en subvention personnelle et en subvention réelle ou d'exploitation fut précisée. Toutes les exemptions dont nous avons précédemment donné le tableau furent maintenues quant au côté personnel de l'imposition ; mais

(1) *Recueil des ordon. de Lorraine*, X, p. 364.

presque tous les commensaux de la Maison du roi de Pologne, les pourvus d'offices et la plupart des autres favorisés furent désormais soumis, comme le reste des contribuables, au cas où ils exploitaient quelque bien, à la subvention d'exploitation, en principal et accessoires. Restèrent seuls complètement exempts :

1° Les *ecclésiastiques*.

2° Les *nobles*.

3° Les *officiers des Cours supérieures*.

4° Les *officiers* servant en Lorraine dans les *troupes* du roi très chrétien et les *gardes du Corps de Stanislas*.

5° Les *officiers de judicature et des finances* : mais à condition de faire au moins une résidence de sept mois par an au chef-lieu de leur ressort ; sinon, ils étaient assujettis, même à la sub-vention personnelle.

6° Les *bourgeois des villes affranchies* de Nancy, Lunéville et **Bar** ; mais pour les biens seulement qu'ils exploiteraient en qualité de propriétaires et sur le territoire de ces trois villes ; pour les biens situés hors de ces limites, ils payèrent la subven-tion d'exploitation.

Par contre, jouirent désormais de l'exemption de la subven-tion personnelle, à charge de résidence : tous les officiers de judicature bailliagère, de second ordre, qui jusqu'alors avaient été compris dans les rôles.

Le système des exemptions suivi en Lorraine se confondit ainsi presque entièrement avec celui usité en France. Cette réforme avait été annoncée comme temporaire. On sait quelle était généralement, en matière d'impôts, la signification de ces délais. Après la mort de Stanislas, un nouvel édit de Louis XV concernant les exemptions de taille, du mois de juillet 1766, et qui ne fut enregistré à la Cour de Nancy, pour être appliquée à la Subvention, que le 6 août 1767 (1), abolit définitivement le plus grand nombre des exemptions pour l'impôt d'exploitation et conserva seulement en Lorraine les privilèges :

(1) *Ibid.*, XI, p. 66.

1° Du *clergé*.
2° De la *noblesse*.
3° Des *officiers des trois Cours supérieures*.
4° Des *habitants des trois villes affranchies*.

SECTION V. — **Attributions des Chambres des Comptes de Nancy et de Bar.**

Les accidents survenus dans le cours de l'année par suite des intempéries des saisons : inondations, grêles, gelées, etc. ; les mortalités considérables de bestiaux, en cas d'épizootie, permettaient aux particuliers ou aux paroisses de prétendre à des modérations de leurs cotes ou à des remises totales. Il en était de même pour les communautés après le passage des troupes françaises ; et si ces troupes avaient fait des levées de deniers, on y avait égard lors de la répartition. D'autres contribuables pouvaient être abonnés à la Subvention sur le pied d'une somme fixe annuelle, particulièrement les maîtres d'usines pour eux et leurs ouvriers. A partir de 1737, tous les anciens abonnements de droit furent en principe révoqués ; seuls, les officiers des eaux et forêts purent y prétendre, à l'instar de leurs collègues de France auxquels ils furent assimilés en 1747. Mais, comme ces diminutions faisaient retomber sur les autres imposables une augmentation proportionnelle de l'impôt, elles ne devaient être accordées qu'avec beaucoup de circonspection. C'était la tâche des maîtres des comptes de qui relevaient toutes les contestations et à qui devaient être adressés tous les placets. Si quelque contribuable se croyait surchargé, il pouvait se pourvoir à la Chambre des Comptes et y faire assigner les asseyeurs afin de voir modérer sa cote. Les magistrats de la Chambre, qui recevaient 3 deniers pour livre, pris sur le montant des impositions, comme honoraires de leur travail de répartition entre les communautés, jugeaient gratuitement toutes les difficultés en dérivant. Ils statuaient sommairement et sur simples mémoires

des parties (1). En 1737 la Chambre des Comptes de Lorraine
explique à l'Intendant « qu'elle se trouve chaque année assez
de loisir pour consacrer des mois entiers à recevoir et répondre
des consultations sans nombre que les communautés lui adressent
sur les cas douteux de la Subvention... » (2). Ce rôle très
important des Chambres en matière financière formait pour la
Lorraine un privilège précieux en ce qu'il lui rappelait son
ancienne constitution et était une garantie d'impartialité et de
sollicitude. Aussi, dès que M. de La Galaizière parlait de porter
atteinte à cette organisation, étaient-ce non seulement les Chambres, mais le pays tout entier, qui manifestaient la plus vive
alarme. L'administration française tenta à plusieurs reprises de
supprimer l'intervention des Chambres. Il fut de bonne heure
question de réunir à l'Intendance, comme en dépendant, la
répartition de la Subvention. La première fois ce fut du vivant
du cardinal de Fleury à qui les Chambres adressèrent alors un
long et pressant mémoire. Le Cardinal qui désirait le repos et
qui, d'ailleurs, montra toujours une réelle bienveillance pour la
province que son ministère avait donnée à la France, reconnut
les droits de la Lorraine. Admirant, écrit la Chambre des
Comptes de Nancy, « la prudente économie de la distribution,
étonné du travail assidu qui reçoit et répare sans frais et sans
retard les griefs de toute la Province, il crut ne pouvoir récom-
penser notre infatigable et paternelle vigilance qu'en proscrivant
la prétention de l'Intendant, et en exhortant la Chambre à continuer une opération aussi avantageuse aux sujets... » (3). En
1758, les Chambres furent encore plus sérieusement menacées

(1) *Archives de Meurthe-et-Moselle*, B. 11. 406 — 11. 417. — *Archives
de la Meuse*, B. 448-470.

(2) *Remontrances du 31 décembre 1757.*

(3) *Mémoire au sujet de la possession dans laquelle est la Chambre de
procéder seule et à l'exclusion de tous autres officiers à la répartition des
Subvention et Ponts et Chaussées et de son droit à la répartition des impôts
extraordinaires* (Ms. 106, 11, de la Bibliothèque de Nancy).

d'être dépouillées de ces fonctions ; elles ne l'emportèrent qu'à force de remontrances. Elles n'auraient, du reste, pu trop chaleureusement défendre cette cause qui était aussi celle du pays. Quelle comparaison, en effet, entre des magistrats qui agissent par eux-mêmes, connaissent les fortunes, ne doivent que rarement avoir des vues d'intérêt particulier, et un intendant dont la commission réunit tant d'objets différents, qui ne peut agir que par des préposés intéressés à grossir la fortune des contribuables, ne sachant asseoir avec justice des taxes qui devraient être proportionnées à des facultés qu'ils ignorent ! La Chambre des Comptes de Lorraine faisait ainsi le parallèle des deux systèmes : « Un intendant avec les meilleures intentions ne peut suppléer les opérations d'une Chambre des Comptes..... Chaque commissaire de la Chambre a son office particulier dont il connaît les facultés par le nombre des habitants, la valeur du sol, le produit des terres et des biens des particuliers. La somme imposée sur chaque village se répartissant par les asseyeurs de la communauté, le commissaire juge de la part qui doit en être supportée, en relation des facultés d'un chacun ; s'il savait quelque grief par l'impéritie ou la mauvaise foi de l'asseyeur, le maire donne un mémoire à la Chambre ; elle décide sans frais, sans retard, et sur le rapport du commissaire le mal est réparé ; depuis l'établissement de la Subvention en Lorraine aucune plainte importune n'a réclamé le secours du souverain.

« En France, où la répartition se fait par les intendants dans plusieurs provinces, les plaintes qui journellement cherchent à pénétrer au pied du trône, ne démontrent que trop malheureusement qu'un homme seul, surchargé des autres détails de son emploi, et qui ne tire ses principales connaissances que de ces âmes viles et mercenaires connues sous le nom de contrôleurs, ne peut faire une distribution exacte et proportionnée aux facultés des sujets du roi... ». Et voici quelle était la conclusion invariable des magistrats, conclusion qu'à la longue le Gouvernement français consentit à admettre : « ...les seuls pays d'État par les privilèges de leur constitution se sont garantis de l'oppression générale ; la Lorraine a la même prétention » (1).

Par leurs remontrances successives, appuyées sur des chiffres probants, les Chambres des Comptes contribuèrent, enfin, puissamment, de concert avec la Cour Souveraine, sinon à arrêter, du moins à ralentir l'accroissement de la Subvention grossie dans une proportion exagérée par la multiplicité des impositions des Ponts et Chaussées.

(1) Lettres du premier président de la Chambre des Comptes de Lorraine au Contrôleur Général et au duc de Choiseul, du 2 décembre 1758 (*Ibid.*).

CHAPITRE II

LES IMPOSITIONS PARTICULIÈRES.

La Subvention était une *imposition générale*, en ce sens qu'elle se percevait dans toute la Lorraine sur chaque non-exempt ; mais, par cela même, elle n'atteignait ni les habitants du pays de *Mertzig et Sargau*, indivis pour la souveraineté entre le roi et l'électeur de Trèves ; ni, jusqu'en 1752, ceux de la *baronie de Fénétrange*, parce que cette région restait aussi indivise entre la Maison de Salm et la France ; ni les *juifs*, car ils n'avaient point d'existence légale. Le Mertzig et Sargau, la baronie de Fénétrange, les juifs, payaient au roi des *impositions particulières* ; les communautés de *Frauenberg* et de *Bousbach* acquittaient, en outre, une légère redevance comme droit de sauvegarde.

I. *Imposition du Mertzig et Sargau.* — Les communautés du Mertzig et Sargau devaient aux ducs de Lorraine, puis au roi de France après 1737, en guise de Subvention, une somme fixe annuelle de 300 liv., argent de Trèves. Cette somme, par suite de la différence des systèmes monétaires, donnait au change une plus value considérable variant de 200 à 217 livres.

II. *Taille à volonté de la Baronie de Fénétrange.* — Les habitants de cette baronie, dont les trois quarts relevaient du roi de France et l'autre quart des princes de Salm-Salm, étaient soumis à la *Taille à volonté*. La part en revenant au roi montait seulement, année commune, à 2.700 liv. Cet état de choses

cessa après la convention de 1751 par laquelle, à la suite
d'échanges, la maison de Salm renonça à tout droit sur ce
pays.

III. *Tribut annuel des juifs.* — L'imposition levée sur la
communauté des juifs de Lorraine portait le nom de *Tribut
annuel.* Une déclaration du 12 avril 1721 avait ordonné à toutes
les familles juives établies en Lorraine depuis 1680 de sortir des
Etats dans les quatre mois ; mais un second arrêt, du 20
octobre suivant, rendu en interprétation du premier, avait
excepté de cette disposition les chefs de cinquante et une
familles nommément désignées, et auxquelles il fut permis de
continuer leur résidence dans les Duchés et d'y exercer, sous
certaines conditions, leur religion et leur commerce (1).
Jusqu'en 1733, ces familles n'avaient été officiellement assujetties au payement d'aucune imposition ; mais, parmi leurs
membres : les uns étaient inscrits pour la Subvention sur les
rôles des communautés, d'autres abonnés avec les paroisses,
d'autres, enfin, contraints de payer certaines redevances aux
seigneurs hauts-justiciers et aux baillis. L'arrêt du Conseil d'Etat
du 28 juillet 1733 avait fait cesser cet arbitraire en même
temps qu'il avait décidé que désormais tous les juifs de Lorraine
contribueraient aux charges de l'Etat en payant à dater de cette
année même « entre eux tous et solidairement » une somme
de 10.000 liv. Pour bien marquer que cette imposition ne cor-
respondait point à la Subvention, l'arrêt indiquait qu'elle devait
être versée à la caisse du trésorier des parties casuelles (2) ; c'est
là qu'elle fut portée jusqu'à la suppression de ce bureau, en
1737.

Lors de la première répartition de l'impôt sur les juifs, on
trouva que le nombre primitif des familles avait augmenté, qu'il
y en avait 151 en Lorraine et 29 dans la baronie de Fénétrange.

(1) *Recueil des ordon. de Lorraine*, II, p. 461 et 508.
(2) *Archives nationales*, K. 1184. — *Recueil des ordon. de Lorraine*, V,
p. 234.

Ces 180 familles furent autorisées par l'Intendant à demeurer dans la Province et c'est ce nombre de 180 qui fut constamment maintenu sous Stanislas (1). Par famille, on entendait le chef et tous ses enfants et descendants par les mâles, demeurant dans une seule et même maison. Jusqu'en 1737, inclusivement, les juifs de Lorraine et de la baronie de Fénétrange payèrent les 10.000 livres de tribut annuel ; puis, un décret en date du 18 janvier 1738 les fit participer à l'imposition pour les fourrages, en portant leur tribut annuel à 12,000 liv. ; de plus, cette somme retomba tout entière sur les juifs de Lorraine ; ceux de Fénétrange furent taxés séparément — sous prétexte qu'ils ne faisaient point partie de la même communauté, — à 1.300 liv. dont la part revenant au roi fut d'environ 1.025 livres. Dès l'année suivante, le Tribut des juifs de Lorraine fut porté à 13.000 liv. ; et de 1751 à 1766 la contribution totale des 180 familles resta au chiffre de 14.300 livres.

La répartition du Tribut se faisait sur tous les juifs de Lorraine, « le fort portant le faible et suivant les facultés d'un chacun, » sous la direction du chef de la communauté assisté d'un certain nombre de notables de différentes localités du pays. Ces notables, appelés *adjoints* ou *syndics,* dressaient les rôles dans leurs ressorts respectifs, y faisaient lever les deniers par des collecteurs spéciaux et remettaient directement l'argent, en deux termes, au receveur général. Parfois l'adjoint remplissait aussi le rôle de collecteur ; 6 deniers pour livre de taxation étaient accordés sur la recette. Le district où un collecteur exerçait ses fonctions portait le nom de *dépendance.* En 1733, le pays avait été divisé en sept dépendances : celles de Nancy, Puttelange, Morhange, Boulay, Freistroff, Dieuze et Fénétrange. Sous l'administration française, la dépendance de Freistroff fut remplacée par celle de Bouzonville, et celle de

____

(1) Pour les noms de ces familles, v. *Recueil des ordon. de Lorraine,* IX, p. 9 et s. ; X, p. 179.

Dieuze par celle de Lixheim. A partir de 1752, il n'y eut plus que quatre collecteurs des juifs : à Essey, Puttelange, Boulay et Lixheim.

IV. *Droit de sauvegarde des communautés de Frauenberg et de Bousbach.* — Frauenberg, chef-lieu d'une petite seigneurie, et le village de Bousbach, — non loin l'un et l'autre de Sarreguemines et de Forbach — s'étaient autrefois soumis à la souveraineté de la Lorraine. Chaque habitant devait en conséquence, comme droit de sauvegarde, une somme de 6 gros. Ce droit rapportait en 1737 : 11 liv. 13 s. 6 d. ; 16 liv. en 1744 et 20 liv. en 1750. En 1780 il fut de 21 liv. 16 s.

CHAPITRE III

LES VINGTIÈMES

SECTION I. — Premier Vingtième.

Tandis que, depuis 1737, la Subvention augmentait progressivement en Lorraine, par l'adjonction des charges accessoires, une contribution d'une tout autre nature y fut de plus établie. Un édit du mois de mai 1747 avait ordonné en France la cessation du *Dixième*, tour à tour perçu et supprimé, et qu'en dernier lieu on avait recommencé à lever au début de la guerre de la Succession d'Autriche ; il lui avait substitué le *Vingtième*, avec le supplément des deux sols pour livre du Dixième, créé en décembre précédent. La Province ne demeura point longtemps sans être soumise à ce régime ; deux ans plus tard, la perception du Vingtième fut étendue aux anciens Duchés. Jusqu'alors, disait l'édit de création, on avait pris soin de préserver les Lorrains des malheurs suites inévitables des guerres ; ils avaient été dispensés de contribuer à la plupart des charges connues en France, et notamment à la capitation et au Dixième : « mais dans les circonstances présentes nous ne croyons pas pouvoir nous dispenser d'établir l'imposition du Vingtième ainsi qu'elle a lieu en France, comme étant la manière la plus juste dont les sujets puissent contribuer aux charges publiques » (1)....

Les Chambres des Comptes reçurent communication de cet édit, en guise de cadeau de nouvelle année, le 31 décembre 1749. Dans la situation difficile où se trouvait déjà la Lorraine, après le lourd fardeau qu'avait fait peser sur elle, quoi qu'en

---

(1) Édit du Roy pour l'imposition du Vingtième du mois de décembre 1749 et 21 mars 1750 (*Recueil des Ordon. de Lorraine*, VIII, p. 142).

aient dit les considérants de l'ordonnance, la guerre qui venait de finir, une telle mesure ne pouvait être accueillie sans de très vives réclamations. Les trois Cours supérieures firent leurs remontrances ; celles de la Cour Souveraine et celles de la Chambre des Comptes de Nancy furent datées du 17 janvier 1750 ; toutes deux étaient également touchantes. Celles de la Chambre, toutefois, se distinguaient par la précision de leurs arguments et par l'accent d'une sincérité recherchant moins le pathétique.

Dans quel moment paraissait donc ce regrettable édit ? Alors que le pays était épuisé en hommes, en argent, en denrées. L'exemple de la France ne pouvait être proposé à la Lorraine parce que, d'une part peu de provinces avaient autant souffert des hostilités, et que de l'autre, dans le Royaume les impositions n'étaient pas proportionnellement aussi fortes que celles dont les Lorrains étaient déjà chargés par rapport à leurs facultés. Les anciens usages des Duchés étaient invoqués et un argument moins facile à approuver était aussi mis en avant ; la perte des immunités de la noblesse ; aujourd'hui, au contraire, nous trouvons que c'est précisément parce qu'il atteignait toutes les classes de propriétaires et toutes les sources de revenus que cet impôt du Vingtième était un des moins mauvais de l'ancien Régime (1).

Après bien des hésitations, le 2 mars 1750, la Chambre des Comptes de Lorraine décida, enfin, que l'Édit serait lu et publié à son audience du mercredi 4 mai « du très exprès commandement du roi ».

Le Vingtième fut perçu en Lorraine à partir du 1er janvier 1750. Il atteignait toutes les fortunes à l'exception des biens du Clergé. Nobles et roturiers le devaient pour leurs terres, cens, champarts, droits seigneuriaux et autres ; pour les maisons des

(1) *Très humbles et très respectueuses Remontrances que présentent au Roy .. les gens tenans sa Cour Souveraine de Lorraine et Barrois*, du 17 janvier 1751, in-4° de 8 p.

villes et faubourgs qu'elles fussent louées ou non ; pour les maisons de campagne si elles étaient données à bail, le tout eu égard au revenu et déduction faite des charges sur lesquelles les propriétaires et usufruitiers n'eussent pu être autorisés à faire la retenue du vingtième. Pour les forges, moulins et étangs le Vingtième se payait sur le pied des trois quarts du revenu. Il grevait pareillement toutes espèces de rentes, douaires et pensions : il était alors acquitté par le débiteur qui en faisait la retenue au créancier. Le produit des charges, emplois, commissions de robe, d'épée, ou de finances, les appointements, gages et taxations, étaient l'objet d'une diminution du vingtième. Les octrois et revenus patrimoniaux des villes, bourgs et villages y étaient soumis, de même que les revenus et gains de chaque genre d'industrie et de commerce. Si les juifs de Lorraine et ceux de Fénétrange échappaient en partie à cet impôt, ils payaient du moins le Vingtième de leur industrie (1).

L'administration française se garda bien de confier la répartition du vingtième aux deux Chambres des Comptes, puisqu'il s'agissait d'un impôt jusqu'alors inconnu en Lorraine, et que son désir intime était au contraire de ruiner les prérogatives de ces Compagnies. Cette opération se fit sous la haute surveillance de l'Intendant, au moyen d'un personnel spécial. Dans les quinze jours qui suivent la publication de l'arrêt ordonnant la perception du Vingtième, et envoyé par l'Intendant aux communautés de la Province, tous propriétaires et usufruitiers doivent faire la déclaration du revenu de leurs biens. Ces déclarations sont rassemblées par les officiers municipaux, et remises avec un état, signé d'eux et certifié exact, aux subdélégués de l'Intendance. Par un reste de privilège, les gentilshommes et exempts de la Subvention ont la liberté de ne pas passer par ces intermédiaires et

____

(1) Cf. *Recueil des Ordon. de Lorraine*, VIII, p. 142. — Rôles du Vingtième (*Archives de la Cour de Nancy, passim*). — Comptes de la recette générale des finances.

de déposer directement leurs déclarations entre les mains des subdélégués, ou même de les adresser à Lunéville. Dans cette ville, toutes les pièces sont centralisées au *Bureau de la Direction*. Là, siège un *Directeur général du Vingtième*, personnage important, aux appointements de 15,000 liv. tournois et qui a sous ses ordres 15 contrôleurs qui touchent 1,500 liv. De plus, des gratifications proportionnées aux recouvrements sont attribuées à ces fonctionnaires. Direc'_ur et contrôleurs procèdent à la répartition et établissent les rôles. En 1750, il y eut 2,191 rôles et 172,704 articles à confectionner (1). L'Intendant rend ces rôles exécutoires ; ils sont envoyés par les receveurs particuliers et publiés au plus prochain jour de fête ou de dimanche. Le Vingtième se paie en 4 termes égaux : en janvier, avril, juillet et octobre. Les deniers en sont remis : dans les villages, à des collecteurs élus qui ne peuvent être les mêmes que ceux de la Subvention ; dans les villes, aux receveurs des revenus communaux. Lorsque les contribuables d'une communauté sont au-dessous de 50, il est seulement nommé un collecteur de la première classe ; au-dessus de 50, deux au moins, l'un de la première classe et l'autre de la seconde — sauf à augmenter le nombre dans les paroisses qui en demandent davantage. Collecteurs et receveurs, appelés plus spécialement du nom générique de *préposés au recouvrement* prélèvent à leur profit, au contraire des collecteurs de la Subvention, quatre deniers pour livre sur la recette effective, et versent le reste dans la caisse du receveur particulier de leur département. Les nobles et autres exempts ont la faculté de payer directement leur cote à la recette particulière. Des préposés juifs recueillent le Vingtième de l'industrie de leurs coreligionnaires. Le receveur général des finances et celui des domaines et bois opèrent eux-mêmes la retenue du vingtième des gages, appointements, rentes, taxations qu'ils sont chargés d'acquitter et tiennent à cet effet une

(1) Cf. Durival, *Description de la Lorraine...*, 1, p. 202.

comptabilité spéciale (1). Finalement, les produits du Vingtième se totalisent sous les rubriques suivantes dans les comptes du receveur général des finances :

1° *Vingtième des biens fonds de toute nature* :

a) Vingtième des maisons des villes ;

b) Vingtième des bourgs et villages ;

c) Vingtième des biens communaux et octrois des villes ;

d) Vingtième des biens de l'Ordre de Malte (à dater du 1er janvier 1756 ces biens furent exemptés : *arrêt du conseil des finances du 12 juin 1756* (2).

2° *Vingtième de l'industrie :*

a) Vingtième de l'industrie des villes.

b) Vingtième de l'industrie « des bourgs et villages sur les grandes routes de la Lorraine et du Barrois » ;

c) Vingtième de l'industrie des juifs (3).

3° *Vingtième des offices de juridiction royale.*

4° *Vingtième des parties prenantes de l'état du roi.*

5° *Vingtième retenu sur les appointements des commis et employés des Fermes.*

Les requêtes devaient être adressées à l'Intendant ou à ses subdélégués. C'est à l'Intendant que toutes les difficultés soulevées par la répartition et la perception du Vingtième étaient portées ; il en décidait en premier et dernier ressort.

Les plaintes affluèrent aussitôt à l'Intendance. Confiées à un étranger à la Province : un sieur Rainsant, les opérations de la première répartition du Vingtième se firent à la hâte et sans

(1) *Recueil des Ordon. de Lorraine*, VIII, p. 190; *Lettre pour l'exécution du Vingtième, du 26 juillet 1750.* — *Archives de la Cour de Nancy* · pièces diverses relatives au Vingtième.

(2) *Recueil des ordon. de Lorraine*, IX, p. 282.

(3) En 1750 le Vingtième de l'industrie des juifs de Lorraine s'élevait à 3.333 liv. 6 s. 8 d. ; celui de l'industrie des juifs de la baronie de Fénétrange à 333 liv. 6 s. 8 d.

principes assurés. Le Directeur général n'avait nulle connaissance des fonds ; les évaluations furent faites sur le rapport des contrôleurs, souvent abusés comme toujours intéressés à tromper, puisque les progrès de l'impôt décidaient du montant de leurs gratifications. La Lorraine connut les taxes arbitraires, l'excès des tarifs, la diversité des plans. Le Directeur avait fait dresser, dès 1750, un état des revenus en grains et autres produits du sol. Pour arriver à une quotité équitable, il fallait tenir compte des années stériles. On prit à cet effet la moyenne du rendement des vingt années précédentes. Mais, pressée par le Gouvernement de faire produire au Vingtième la plus forte somme possible, la Direction abandonna bientôt cette méthode. La paire, par exemple — c'est-à-dire un résal de blé joint à un résal d'avoine — qui depuis quarante ans était laissée aux fermiers pour 12 et 15 livres, et qui avait été fixée primitivement à 12 ou 13 livres, fut peu à peu augmentée dans les rôles et estimée enfin, en 1757, à 16 liv. 10 s., 17 liv. et 18 liv. Le revenu du jour de vigne qui, toutes charges déduites, avait été évalué à 12 et 15 liv. fut inscrit à la même époque pour 30 et 36 liv. quoique dans l'intervalle les récoltes eussent à peine indemnisé des frais de culture. Aussi le Vingtième suivit-il une marche ascendante sans subir même ces oscillations qui avaient accompagné les progrès de la Subvention. La Lorraine paya successivement pour le Vingtième :

832.477 l. 13 s. 5 d. en 1750   813.995 l. 12 s. 1 d. en 1751
905.808 l. 11 s. 10 d. en 1752   942.104 l. 9 s. 8 d. en 1753
949.287 l. 11 s. 6 d. en 1754   976.497 l. 17 s. 6 d. en 1755
976.985 l. 1 s. 10 d. en 1756 1.016.677 l. 12 s. 8 d. en 1757

Ainsi, disait en ce moment la Chambre des Comptes de Nancy « on est parvenu au lieu du vingtième à nous faire payer dans la réalité le quinzième au moins de nos revenus. Les cris et les murmures ont été et sont encore universels, et loin qu'ils aient fait rectifier les erreurs et les injustices qui se sont commises, l'on a au contraire éprouvé de nouvelles augmentations... » (1).

SECTION II. — **Deuxième Vingtième. — Abonnement aux deux Vingtièmes.**

A ce moment même, où l'on déplorait si amèrement en Lorraine la contribution du premier Vingtième, cette dernière charge ne semblait plus suffisante au Gouvernement français qui, par l'intermédiaire de l'Intendant, exigea de la Lorraine un autre sacrifice. La guerre déclarée à l'Angleterre réclamait de nouvelles ressources. En juillet 1756, une déclaration avait ordonné en France la perception d'un second Vingtième pour commencer au 1er octobre suivant. L'édit de septembre 1757, qui étendit cette mesure à la Province, pour être tardif ne la fit pas bénéficier du délai écoulé ; au contraire, car son effet fut rétroactif et on demanda au pays d'acquitter intégralement une charge dont jusqu'alors il avait pu à bon droit se croire affranchi (2).

Ce fut le 14 septembre 1757 que le procureur général de la Chambre des Comptes de Nancy eut à remettre, sur le bureau de cette Compagnie, l'arrêt du Conseil des finances qui annonçait le surcroît d'impôt. Cette pièce était d'une étrange rédaction ; elle débutait par des considérants singuliers. Le Gouvernement voulait bien assurer aux Lorrains que le premier Vingtième, s'il continuait à être momentanément levé, serait supprimé dix ans après la publication de la paix. Mais il ajoutait que, pendant une même période de dix années, à dater du 1er janvier précédent, les quatre sols pour livre en sus du Vingtième seraient perçus sur tous les contribuables, de la même

____

(1) *Remontrances au sujet de l'édit qui établit un second Vingtième*, du 10 décembre 1757.

(2) Cf. *Recueil des ordon. de Lorraine*, IX. p. 372 (Edit du Roi au sujet du Vingtième, donné à Lunéville au mois de septembre 1757).

manière que le Vingtième lui-même ; et, surtout, il demandait,
à compter du 1er octobre 1756 « un second Vingtième qui fini-
rait trois mois après la cessation des hostilités. Les circonstances actuelles des affaires de l'Europe — y faisait-on dire à
Stanislas — rendant le produit dudit Vingtième joint à nos revenus ordinaires insuffisant pour remplir cette charge, nous sommes
obligés de recourir à de nouveaux moyens pour nous mettre en
état de soutenir la dignité de notre couronne, le commerce et
les biens de nos fidèles sujets... » ; mais, pour marquer
d'autant plus combien il désirait le soulagement de ses peuples,
le roi de Pologne fixait dès à présent l'époque de l'abolition de
ces Vingtièmes (1). On juge de la stupeur avec laquelle les
maîtres des comptes prirent connaissance de l'édit. L'émotion
ne fut pas moins grande à la Cour Souveraine. A cette nouvelle
un profond découragement s'empara du pays. Ce fut là l'origine
d'une lutte vraiment épique qui s'engagea tout d'abord entre la
Lorraine, représentée par les Cours, et le Gouvernement français,
pour revêtir ensuite un caractère moins élevé et dégénérer en
une sorte de duel à mort entre la Magistrature et le Chancelier.
L'ardeur de ce débat est bien connue ; les principales phases qui
en marquèrent le cours sont fameuses ; elles ont été assez souvent
retracées pour que nous n'ayons point à les faire revivre, ici,
une fois de plus. Leur histoire nous entraînerait d'ailleurs trop
loin de notre sujet lui-même (2). Après d'interminables discussions avec le ministère, la Lorraine obtint finalement d'être
abonnée aux deux Vingtièmes moyennant le payement annuel
de 1.000.000 liv. tournois.

L'édit du second Vingtième avait été enregistré selon les
règles et pour la forme le 28 septembre 1758 ; le 7 octobre

(1) *Ibid.*

(2) Sur cette question on peut consulter entre autres : Digot, *Histoire de
Lorraine*, VI, pp. 291-304. — Noël, *Mémoires pour servir à l'histoire de
Lorraine*, n° 5, I, pp. 280-291. — etc. — J. Krug-Basse, *Histoire du Parle-
ment de Lorraine et Barrois* (en préparation).

parut l'arrêt du Conseil des finances portant fixation de l'abonnement accordé pour les deux Vingtièmes (1). Dans cet abonnement étaient comptés les Vingtièmes de tous les revenus fonciers des particuliers et des corps de villes et communautés. Mais les vingtièmes des rentes, gages, pensions et autres parties inscrites sur l'état des finances et du Domaine, ceux des appointements attribués aux commis et employés de la Ferme générale, formaient un article spécial et devaient continuer à être perçus intégralement au moyen de la retenue qui en serait faite par les receveurs et fermiers.

SECTION III. — **Répartition de l'Abonnement.**

Au milieu des débats, la Cour Souveraine avait proposé au Gouvernement de répartir elle-même l'Abonnement. Dans des conférences tenues à Paris avec des délégués lorrains, au mois d'août, les ministres avaient promis que l'Abonnement n'appartiendrait pas au bureau des Vingtièmes ; ils avaient ajouté que le soin devait en revenir dès lors, plus logiquement, aux Chambres des Comptes, puisqu'elles jouissaient déjà de la répartition de la Subvention. « Nous avons vu la Cour souveraine », écrivait le premier président de la Chambre de Nancy au Contrôleur Général, le 2 décembre 1758, « nous l'avons vu offrir de se charger de cette répartition sans la moindre jalousie, et elle a vu de même que le roi nous la renvoyait ; tout l'État l'a appris avec une satisfaction égale. Cette bonté de S. M. rendait à ses sujets un de leurs plus précieux avantages en renvoyant aux Chambres des Comptes cet objet suivant les anciennes formes observées de tout temps dans cette Province. La répartition de tous les impôts généralement quelconques est même l'attribut principal de ces compagnies... » (2). Or, voici que les Chambres apprenaient que, non seulement elles n'auraient rien à voir

(1) *Recueil des ordon. de Lorraine*, IX, p. 415.
(2) *Ms. 106 de la Bibliothèque de Nancy*, III, j. cit.

dans la répartition de l'Abonnement, mais qu'on projetait de les
dépouiller de leurs autres prérogatives en matière d'imposition ;
en dépit de promesses toutes récentes, il en était sérieusement
question chez le Contrôleur Général. M. de La Galaizière, qui
était alors à Paris, soutenait chaleureusement ce système.
Priver les Compagnies souveraines du droit d'intervenir,
c'était, peut-être, s'éviter pour l'avenir, lors de nouvelles augmentations des impositions, bien des plaintes et bien des conflits.
Les Chambres firent tout ce qu'il dépendait d'elles pour écarter
cette prétention. Elles envoyèrent leurs doléances, avec des
mémoires établissant leurs droits, au Contrôleur Général et à
Choiseul qui venait d'arriver au ministère. Elles prièrent ce
dernier d'appuyer leur requête dans le Conseil du roi et chez ses
collègues ; elles le sollicitèrent, au nom de toute la nation
« d'intéresser le cœur d'un compatriote avec l'autorité d'un
ministre pour l'exécution qu'elles réclamaient de la parole même
du roi » ; elles rappelèrent les abus dans la levée du premier
Vingtième. Sans doute elles ont confiance en leur bon droit,
« mais aujourd'hui qu'il se répand que M. de La Galaizière à
son départ a assuré que cette répartition serait maintenue à l'Intendant ou qu'il ne retournerait plus en Lorraine, cette menace
imprudente, contraire à la parole sacrée du roi, a cependant jeté
quelqu'alarme dans les peuples qui craignent avec justice (sic)
un intendant répartiteur qu'ils ont tenté de rejeter... ». Toute la
théorie de la Lorraine, pays d'État par sa constitution, ses lois,
ses coutumes, était une fois de plus développée (1). En raison de
l'importance de ce litige où l'intérêt du pays n'était pas moins
engagé que les susceptibilités des maîtres des Comptes, la
Chambre de Nancy chargea son procureur général M. Collenel
d'aller en conférer avec les ministres de Louis XV. Quelques
gentilshommes lorrains se rendirent également à Paris pour cette
affaire. C'était dans la capitale que se traitait désormais tout ce

(1) *Ibid.*

qui était relatif à l'administration de la Province. La question fut tranchée au début de 1759. La cause de la Lorraine était gagnée une seconde fois, et grâce à Choiseul. Le 7 janvier le Contrôleur Général en informait les Chambres (1).

Mais toutes les difficultés n'étaient point par cela même supprimées. M. de La Galaizière mécontent fit preuve d'un mauvais vouloir singulier. Les ordres pour la confection des rôles devaient émaner en la forme du roi de Pologne et non du Contrôleur Général. Ils ne furent pas adressés aux Chambres ; la Cour de Lunéville ne communiqua à ces Compagnies aucune des recommandations venues de Versailles. A la fin du mois de janvier, alors que Boullongne pensait que le travail était déjà avancé, les maîtres des Comptes n'avaient reçu aucune instruction. La Chambre des Comptes de Nancy envoya, enfin, à tous les ministres de France, le 3 février, un mémoire dont nous extrayons ces passages :

« Par la lettre de M. le Contrôleur Général à la Chambre des Comptes de Lorraine, en date du 29 du mois dernier, ce ministre dit qu'il ne doute point que le roi de Pologne n'eût fait savoir ses intentions à la Chambre de Nancy sur la lettre qu'il a eu l'honneur d'écrire à S. M. pour l'informer des dispositions dans lesquelles était le roi son gendre, et qu'il présume en conséquence que la répartition des rôles s'avance.

« La Chambre des Comptes de Lorraine toute dévouée à la gloire du roi et au bien de ses sujets auroit employé avec la plus grande satisfaction tous ses instants jusqu'à la consommation de cet ouvrage s'il eût plu à S. M. P. de lui manifester ses intentions.

« Mais jusqu'alors la décision du Conseil des finances est un secret dont cette compagnie n'a eu de connaissance en règle que par la lettre de M. le Contrôleur Général.....

« La répartition confiée à des juges nationaux devient l'objet

(1) *Ibid.*

le plus important de la résistance de M. de La Galaizière qui
voit avec peine soustraire cette partie de l'Intendance. Malgré
la décision du Conseil royal qui confie cette répartition aux
Chambres des Comptes, les retards de M. de La Galaizière en
ont éloigné jusqu'aujourd'hui l'exécution et sans doute cette
affectation prépare encore quelques nouvelles tentatives...

« C'est pour prévenir ces inconvénients que la Chambre des
Comptes de Lorraine a de nouveau recours aux bontés du roi, à
la sagesse et à la justice de son Conseil royal pour nécessiter
M. de La Galaizière à la mettre en état de satisfaire aux Cours
et à l'attente d'une nation qui réclame avec l'instance la plus
respectueuse l'effet de sa décision... » (1).

L'Intendant ne céda pas pour si peu ; Boullongne tomba au
mois de mars, avant que le Chancelier eût consenti à donner
aux Chambres les pouvoirs nécessaires pour la répartition. Ce
ne fut que le 7 avril qu'il fit, enfin, rendre au Conseil des
finances de Lunéville l'arrêt si impatiemment attendu (2).

Les Chambres se mirent à l'œuvre aussitôt et nommèrent
respectivement trois et deux commissaires pour s'entendre sur
la régie de l'Abonnement. Puis ces commissaires établirent à
Nancy et à Bar un bureau dit de l'Abonnement, et réunirent un
certain nombre de chefs, commis et employés qui prêtèrent
devant eux serment « d'exécuter fidèlement ce qui leur serait
prescrit et de garder le secret sur les délibérations auxquelles ils
pourraient être appelés de même que sur toutes les opérations... » (3). Parmi les principes préliminaires que posèrent
les commissaires, le 17 mai, un article mérite d'être signalé ;
oubliant leur vieille rivalité, les deux Chambres déclarèrent :

(1) *Ibid.*
(2) Arrêt du Conseil des finances concernant l'imposition de l'abonnement des Vingtièmes, du 7 avril 1759 (*Recueil des ordon. de Lorraine*,
X, p. 7).
(3) *Registre pour les affaires qui concernent l'abonnement, commencé le
2 may 1759* (*Archives de Meurthe-et-Moselle*, B. 12. 457).

vouloir conserver dorénavant l'union et l'harmonie que le bien du pays exigeait d'elles, et travailler sur les mêmes bases. Mais, pour procéder à la répartition, l'expédition des rôles des Vingtièmes pour 1758 était indispensable ; or ces rôles se trouvaient à l'ancienne Direction générale. Les maîtres des Comptes en demandèrent des copies. Ils se heurtèrent alors à un nouvel obstacle. Ce fut le Directeur du Vingtième, Rainsant, qui essaya de faire échouer les opérations et de rendre le recouvrement impossible pour 1759. Il y eut entre Rainsant et les maîtres des Comptes un échange de lettres très vives, et des plaintes réitérées furent adressées à M. de Courteille, ministre d'Etat, qui avait les Vingtièmes dans son département. L'ancien Directeur général le prit de suite de très haut : « Il me paraît, Monsieur, que MM. de la Chambre des Comptes de Lorraine », écrivait-il au secrétaire de cette Compagnie, « sont bien expéditifs, mais ils devroient au moins me donner les moyens de pouvoir seconder leur zèle… je ne crois pas, Monsieur, que ma réponse paroisse satisfaisante, mais on peut en faire le même usage qu'à la première que je vous ai écrite qui a été envoyée au ministre comme un refus de ma part ; au surplus je consens que l'on charge qui on souhaitera de cette opération, je n'en suis point curieux du tout… » (1). En déclarant qu'il lui faudrait six mois pour faire copier les rôles, Rainsant n'exagérait pas ; c'était une affaire de 200.000 articles dont la moitié exigeait jusqu'à sept et huit pages d'écriture. D'ailleurs il se gardait bien de faire commencer la première ligne de cette besogne.

La situation était embarrassante, car remettre la répartition à l'année suivante et faire payer en 1760 un double Abonnement, c'eût été accabler les populations. Le nouveau Contrôleur Général, Silhouette, répétait que ces difficultés étaient vraiment bien grandes et il déclarait chercher de tous côtés un moyen qui

____

(1) Lettre de Rainsant au secrétaire de la Chambre des Comptes de Lorraine, du 19 avril 1759 (*Ibid.*).

le mit « à portée de sortir enfin de ce chaos » (1). Comme son prédécesseur, il épuisa toutes les combinaisons avant de trouver un moyen terme des plus simples et qui eût dû s'imposer de suite à l'esprit avec un peu de réflexion. On procéderait en totalité au recouvrement des rôles de 1757, 1758, et du quartier d'octobre 1756, recouvrement entrepris depuis plus d'un an par la Direction générale. Pour indemniser la Province de ce qu'elle supporterait ainsi de trop et la laisser jouir des réductions accordées, Silhouette supprimait en totalité l'année 1759 et déduisait 400.000 liv. sur le montant de l'Abonnement pour 1760. Dès lors les Chambres n'eurent plus qu'à commencer à tracer le plan de répartition pour l'année à venir.

Par suite de ces arrangements, la Lorraine paya successivement en Vingtièmes, à partir de l'édit de septembre 1757 :

— 1757. Premier Vingtième : 1.016.677 liv. 12 s. 8 d.

— 1758. Deuxième Vingtième, quartier d'octobre de 1756 et 4 sols pour livre du 1ᵉʳ Vingtième de 1757 :   1.445.750 l. 2 s.

— 1758. Premier et deuxième Vingtièmes, et 4 sols pour livre du premier Vingtième........ :   2.174.895 l. 19 s.

} 3.620.646 l. 1 s.

— 1759. Néant — (Les recouvrements des années précédentes se poursuivent).

— 1760. L'Abonnement est réduit pour cette année, en raison de ce que la Province a précédemment payé de trop, à 1.067.708 liv. 6 s. 8 d.

— 1761 et années suivantes. Abonnement des deux Vingtièmes et des sols pour livre : 1.484.375 liv. (non compris les vingtièmes des charges, rentes, pensions etc. Pour la seule recette des domaines et bois le receveur général retenait

(1) Correspondance de Silhouette avec les Commissaires des Chambres des Comptes : juillet 1759 (*Ibid*).

annuellement en vingtièmes une somme de plus de 50.000 liv. (1).

Voici comment se décomposait ce chiffre de 1.484.375 liv. auquel furent exactement abonnés à partir de 1761 les Vingtièmes des revenus fonciers. Chaque Vingtième était compté pour 625.000 livres ; les sols pour livre réduits à 125.000 liv. ; soit un total de 1.375.000 liv. de Lorraine. L'arrêt du Conseil des finances, du 7 avril 1759, avait de plus mis tous les frais de perception à la charge du pays et ajouté aux 1.375.000 liv. 40.000 livres pour les décharges et non-valeurs, 10.000 liv. pour les dépenses des rôles, 57.375 liv. à raison de 10 deniers pour livre, pour les taxations.

Dès le début de leurs travaux, les Chambres avaient ainsi partagé la charge de l'Abonnement entre les deux Duchés : 1.066.517 liv. 11 s. 10 d. sur la Lorraine et 417.857 liv. 8 s. 2 d. sur le Barrois. Ces Compagnies ne ménagèrent pas leurs peines afin que la répartition fût équitable, et le système qu'elles adoptèrent mérite d'être exposé pour être comparé à celui suivi précédemment par la Direction générale. Pénétrons dans un des bureaux de l'Abonnement, celui de Nancy, par exemple, et assistons au travail des commissaires.

Les maîtres des Comptes ont commencé par demander à chaque particulier une déclaration exacte de ses biens et droits de toute nature. Ils ont déjà rendu à cet effet une ordonnance, en date du 10 mai 1759, contenant 26 articles où sont indiqués les biens sujets à l'imposition, la forme sous laquelle les déclarations doivent être rédigées, la manière dont le dépôt en doit être fait, la façon de se pourvoir en surtaxe ou en modération, ordonnance qui a été publiée et affichée dans chaque communauté de la Lorraine. Pour plus d'équité, les commissaires ont

<hr>

(1) *Ibid.* — *Remontrances de la Chambre des Comptes de Lorraine, du 21 janvier 1761.* j. cit. — *Recueil des ordon. de Lorraine*, X, p. 7. — *Archives de Meurthe-et-Moselle*, B. 1848 (Vingtième de retenue sur les domaines et bois de Lorraine et Barrois).

jugé à propos d'apporter quelques exceptions à la généralité de
la règle.

1° Les pâquis appartenant aux communautés et dont ces
dernières ne tiraient d'autre profit que le pâturage sont soustraits
à l'Abonnement.

2° Un dixième du revenu des maisons, dixième que l'on
présume nécessaire aux réparations de ces immeubles, est de
même affranchi.

3) Les contribuables des campagnes taxés au dessous de
4 livres ne seront plus compris dans le rôle de l'industrie (1).

Toutes ces précautions n'ayant point semblé suffisantes, la
Chambre a adressé aux maires et gens de justice, le 1er juin
suivant, une ordonnance spéciale. Cette pièce contient des instructions pour la remise au greffe des déclarations ; elle insiste
sur l'obligation de fournir, autant que faire se peut, un état de
la quantité des différents fonds situés sur chaque ban, de la nature
du sol, du nombre de *verges* contenues dans un *jour*, des mesures
locales destinées aux différentes espèces de grains. Elle demande
à chacun de ces officiers ce qu'il faut de terre et de prés pour
fournir la paire usitée, ce que peut être loué le jour de terre, les
terrains étant classés par bons, médiocres et mauvais.

A mesure que les déclarations sont adressées au bureau de
l'Abonnement, elles sont mises en ordre par recettes ; l'analyse
en est faite et portée en marge pour simplifier les opérations à
l'avenir. Ce premier travail est vérifié par quatre commis qui
ne sont occupés qu'à consigner les erreurs qui ont pu échapper
à 30 autres employés ayant entre leurs mains environ 130.000
déclarations.

Pendant que l'on procède aux émargements, les commissaires
s'occupent de dresser un tarif pour les grains, relativement aux

(1) Précis des opérations faites par la Chambre des Comptes de Lorraine
pour répartir avec proportion la somme fixée pour l'Abonnement de la
Province eu égard aux biens que possèdent les sujets (*Archives de
Meurthe-et-Moselle*, B. 12. 457).

différentes mesures usitées dans la Province, à leurs poids et à leurs proportions au sac. Ils forment leur estimation sur le prix courant des « hallages » de chaque marché de Lorraine depuis vingt ans. Ils établissent de même un tarif pour les réserves en nature (fromages, volailles, poissons, laitage, etc.) stipulées dans les baux. Puis ils travaillent à fixer de nouvelles taxes pour les biens ruraux, relativement au sol et à la nature des productions de chaque village ; ils combinent pour chaque pièce de terre les estimations envoyées par les gens de justice avec les déclarations des particuliers ; ils trouvent ainsi la valeur de ces fonds et l'imposition qu'ils doivent supporter. Cette recherche scrupuleuse faite pour 1.591 localités de la partie lorraine occupera à elle seule les commissaires pendant six mois.

L'estimation des bois communaux — objet intéressant pour la Province, puisqu'il forme plus des trois quarts des revenus des communautés — obtint aussi de la part des maîtres des Comptes une attention particulière. Les officiers des maîtrises étaient les seuls en état de donner des détails suffisants. On leur adressa une lettre circulaire dans laquelle, après leur avoir montré la la nécessité d'une déclaration exacte et le tort que ferait aux particuliers toute complaisance en cette matière, on leur demandait, à chacun pour son district, un état complet des bois, des quantités d'arpents en quart de réserve et en coupe, de leur valeur réelle également par bons, médiocres et mauvais. Les opérations de ces officiers, ayant été vérifiées pour quelques villages, furent trouvées justes, et firent le fondement de la répartition sur ce point.

Les diverses taxes pour les biens de toute nature étant enfin fixées par des tarifs distincts selon les départements et détaillés par villages, les commissaires font travailler à des minutes destinées à rester dans le bureau. Ces minutes contiennent le détail des biens de chaque particulier, article par article, avec un total en marge. Les articles des seigneurs et des communautés étant les plus considérables ont été rédigés et collationnés par les commissaires eux-mêmes, pour être à l'avenir portés en tête des rôles. Toutes ces minutes passent ensuite aux bureaux de vérification pour y être examinées à nouveau ; ainsi peu d'erreurs doivent échapper ; par la suite, celles qui seront remarquées seront aussitôt corrigées. Chaque recette est désignée par une layette spéciale, et chaque localité de cette recette par un dossier particulier sur lequel seront dressés les rôles. Ce dossier contient un bordereau du montant des sommes y portées avec le total du revenu ; tous ces totaux réunis donnent le montant des revenus du Duché ; par une règle de proportion avec la somme à imposer pour l'Abonnement, on établira ainsi un marc la livre qui fixera la cote de chaque particulier relativement à son revenu. Pour qu'il n'y ait point de surtaxe, chaque jour en s'assemblant, les commissaires commencent leur travail en statuant sur les diminutions demandées. A tout placet accompagné de pièces justificatives il est répondu exactement et au plus tard dans la huitaine de sa réception.

Chaque année, lorsqu'un arrêt du Conseil des finances eût ordonné aux Chambres de procéder à l'imposition de l'Abonnement, les commissaires se réunirent de même respectivement dans leurs bureaux de Nancy et de Bar qui fonctionnèrent jusqu'à la Révolution.

SECTION IV. — Tentative d'établissement d'un troisième Vingtième.

Au milieu de 1760, le pays lorrain était épuisé par l'énorme surcharge qu'il supportait en raison de l'exécution de la totalité des rôles pour les trois derniers mois de 1756 et pour les années 1757 et 1758, sans parler de la Subvention. La levée des deniers se poursuivait des plus péniblement. Le 13 juin, la Chambre des Comptes de Nancy écrivait à M. de Courteille : « Le dernier recouvrement n'est pas encore fait, on y procède actuellement et la misère publique force les receveurs à user des voies les plus rigoureuses pour se procurer le payement que la rareté de l'argent rend pour ainsi dire impossible... ». La Chambre demandait qu'en conséquence il fût un peu sursi à la perception de l'Abonnement pour 1760 : « Les rôles seront envoyés dans le courant d'août, le recouvrement s'en fera dans les quatre derniers mois de cette année, les sujets ayant alors recueilli les fruits qui doivent nourrir leurs familles, retrancheront une partie de leur propre subsistance pour la sacrifier au besoin de l'État... » (1).

De plus, en effectuant les opérations préliminaires de la répartition de l'Abonnement, les commissaires avaient reconnu que cet Abonnement était établi sur une base inexacte ; que le rapport entre le montant des rôles et le produit des biens fonds dépassait un dixième effectif; mais on attendait une occasion plus favorable et des temps plus heureux, pour engager le ministère à réduire les 1.484.375 liv. en proportion des revenus de la Province.

C'est dans ces circonstances que de nouveaux sacrifices furent pourtant demandés aux Duchés. La guerre réclamait d'incessantes ressources; le Contrôleur Général Bertin, plus encore que ses prédécesseurs, ne savait à quels moyens recourir pour se les procurer. Au mois de février, il avait ordonné la perception dans le Royaume d'un *troisième Vingtième* qui devait être levé, à compter du 1er octobre 1759, avec deux sols pour livre en sus. Une déclaration parue à la même époque avait aussi imposé un sol par livre sur les droits de gabelle, octrois, contrôle et autres. Malgré les promesses de Louis XV et des ministres aux députés lorrains, à la fin des conférences tenues à Paris en 1758, malgré la sympathie réelle de Choiseul, malgré encore la peinture saisissante que l'on faisait chaque jour au Contrôleur Général des misères de la Province, Bertin jugea indispensable pour ses combinaisons de comprendre la Lorraine,

(1) *Ibid.*

non seulement dans ces dernières demandes de subsides, mais dans d'autres mesures fiscales datant de Boullongne et de Silhouette. A l'automne, les La Galaizière reçurent l'ordre d'imposer sur leur Généralité.

1° Un *troisième Vingtième*, avec les *deux sous pour livre*, et effet rétroactif au 1er octobre 1759.

2° Un *sol pour livre sur le prix principal des sel, tabacs formules et les autres droits de Ferme.*

3° Un *droit sur les cuirs* à l'exemple de celui établi en France par l'édit du mois d'août 1759.

4° Un *don gratuit* de 79.750 liv., pendant six années, sur 72 villes et bourgs ; pour son recouvrement les officiers municipaux seraient autorisés à créer des octrois, conformément à l'arrêt d'août 1758 (1).

Les Cours souveraines eurent communication des édits rédigés en conséquence, d'après les indications de Berlin, par le Chancelier et son fils, au mois de novembre. Toutes trois arrêtèrent immédiatement de faire des remontrances « séparément sur le fond » de chacune des déclarations.

On appuya ces remontrances de tableaux de comparaison où se lisaient nettement la marche croissante des impôts depuis vingt-cinq années, l'état précaire de la Province, l'impossibilité pour cette dernière de faire face à de nouvelles demandes d'argent.

Pour dresser avec exactitude ces tableaux, la Cour Souveraine organisa une vaste enquête et réclama des renseignements près de chacune des communautés.

Mais quelqu'imposant que fût l'ensemble des documents envoyés aux ministres, quoiqu'il eût sans doute suffisamment édifié ceux-ci sur la situation précaire de la Province, la détresse financière était telle, que le cabinet de Versailles s'efforça jusqu'à la dernière extrémité de faire accepter les quatre édits bursaux.

(1) *Archives nationales*, K. 1190.

Les débats de cette affaire remplirent trois longues années durant lesquelles des députés lorrains, installés presque en permanence à Paris, plaidèrent sans relâche la cause de leur pays et firent preuve d'une patience et d'une fermeté admirables. Bertin quitta le contrôle avant d'avoir renoncé à ses prétentions. En septembre 1763, la question était encore si indécise et si brûlante que la Chambre des Comptes de Nancy nommait trois de ses membres pour former un bureau de correspondance qui adresserait chaque jour dépêches et instructions à son délégué à Paris et recevrait ses réponses. Au mois de février 1764 seulement, Laverdy, appliquant à la Lorraine son système de dégrèvement auquel il ne devait point rester longtemps fidèle, donna l'assurance d'un soulagement prochain.

Après quelques dernières discussions, le Contrôleur Général des finances renonça au troisième Vingtième, au sol pour livre sur les droits de Ferme, au don gratuit des villes ; mais il exigea absolument le maintien de l'impôt sur les cuirs, après toutefois que quelque tempérament eût été apporté à la rédaction primitive de l'édit qui l'avait établi (1).

Quant à l'Abonnement, il ne fut nullement réduit de moitié après la conclusion de la paix ainsi qu'il devait l'être. Tout comme en France les deux Vingtièmes, il continua à être intégralement perçu ; prorogé d'abord par une déclaration du 4 avril 1764, puis par d'autres successives, il devint un de ces impôts qui, bien que créés comme temporaires, devaient, selon l'expression énergique de Michelet : « rester pour l'éternité » (2).

SECTION V. — Contribution du Clergé lorrain aux Vingtièmes.

Jusqu'en 1756, les biens des bénéficiers lorrains furent affranchis de toutes impositions. Lorsque la guerre de Sept ans

(1) Sur cet impôt ou *marque des cuirs*, voir *supra* : quatrième partie, Chapitre VI, section II.

(2) Michelet, *Histoire de France*, XVIIIᵉ siècle, p. 126.

eût éclaté et qu'un second Vingtième eût été établi dans le Royaume, avant d'étendre cette mesure à la Province, le ministère jugea à propos, par un arrêt du Conseil d'Etat, du 25 novembre 1756, de s'adresser aux seuls exempts qui restaient, et de demander au Clergé de concourir à son tour aux charges de l'Etat (1). Les bénéficiers furent invités à se réunir et à faire des offres ; en attendant leur décision, le Gouvernement estimait qu'ils pourraient payer annuellement, en proportion de leurs revenus, une somme de 150.000 livres tournois.

En conséquence de l'arrêt, il y eut tout d'abord des assemblées particulières des divers clergés lorrains. Quoique les Ducs eussent tenté à plusieurs reprises d'obtenir l'érection d'un siège épiscopal, soit à Nancy, soit à Saint-Dié, la Lorraine ne comprit en effet, avant 1777, aucun évêché, et à l'époque où nous sommes elle dépendait, pour le spirituel, de plusieurs diocèses. Des neuf archevêques et évêques dont relevait son Clergé, sept étaient sujets du roi de France et habitaient le Royaume ; deux étaient étrangers et résidaient en Allemagne. Les diocèses comprenant les plus forts bénéficiers lorrains étaient : en premier lieu celui de Toul, au centre des anciens Duchés et d'ailleurs un des plus vastes existant ; puis ceux de Metz et de Verdun ; ensuite celui de Trèves. Ceux de Strasbourg, Besançon, Châlons et Langres en possédaient très peu ; l'archevêché de Mayence, enfin, n'avait en Lorraine que la petite paroisse d'Oberkirich, dans le bailliage de Schambourg.

Au commencement de 1757, l'électeur de Trèves convoqua, dans la Province même, son Clergé lorrain ; les évêques de Metz, Toul et Verdun convoquèrent les leurs en terre évéchoise. A Toul, les bénéficiers s'étant réunis, le 9 février, élurent cinq commissaires. Il s'agissait, en effet, de choisir des délégués et de leur donner pleins pouvoirs pour s'entendre lors

____

(1) *Recueil des ordon. de Lorraine*, IX, p. 301.

d'une assemblée générale sur la somme à offrir et sur le mode de répartition de cette somme entre les différents diocèses. Une question d'une certaine importance se posait d'elle-même : où donc se tiendrait cette assemblée générale ? Désirant conserver son autonomie, le Clergé tout entier demandait que ce fût en Lorraine, puisque ce pays, disait-il, continuait, en vertu de l'article XIII du traité de Vienne, de former une souveraineté séparée. Mais la politique d'assimilation suivie depuis 1737 ne pouvait qu'être contraire à cette prétention qui sembla dangereuse. Le gouvernement français eut recours à l'évêque de Metz, M. de Saint-Simon, qui lui était tout dévoué, et ce prélat ayant manifesté le souhait que l'assemblée se tînt chez lui, comme chez le plus ancien évêque, il obtint le consentement de ses collègues de Toul et de Verdun sans que les six autres eussent été consultés non plus que les commissaires (1).

Ce fut donc à Metz que, le 23 mars suivant, se rencontrèrent les délégués. Seuls des évêques, ceux de Toul et de Verdun s'y étaient rendus ; cinq diocèses y étaient représentés par leurs députés ; ceux de Besançon, Langres, Strasbourg et Mayence n'en avaient point envoyé. En tant que président de la réunion, M. de Saint-Simon proposa que l'on payât une fois pour toutes, au moyen d'un emprunt, une somme de 600.000 livres. On remettrait à un autre temps l'étude des facultés respectives des diocèses. Les commissaires bénéficiers de Metz et de Verdun consentirent à ces propositions ; ceux de Trèves déclarèrent ne pouvoir le faire, faute d'y avoir été suffisamment autorisés ; ceux de Châlons répondirent que ce diocèse ayant très peu de bénéfices en Lorraine, ils s'en rapportaient à la prudence de l'assemblée. Mais les délégués de Toul exposèrent que dans leur délibération privée ils avaient *a priori* repoussé la voie de l'emprunt, qu'il ne fallait point tomber dans un inconvénient où le Clergé de France avait trouvé sa ruine. On se sépara sans avoir pris la moindre détermination.

(1) *Remontrances au Roy par le Clergé de Lorrai*   petit In-8° de 15 p.

Le 2 avril, les bénéficiers lorrains remettaient des remontrances à M. de la Galaizière. Ils se plaignaient de la préférence donnée à la ville de Metz sur la capitale des Duchés pour une assemblée du Clergé de la dépendance spirituelle de trois archevêques et six évêques ; ils rejetaient l'emprunt de 600.000 livres proposé par M. de Saint-Simon. Puis, abordant la discussion de l'imposition elle même, ils disaient : « Vos vues, Sire, sont de rembourser les dettes de l'État ; c'est pour cela que le Vingtième laïc a été imposé ; nous sommes dans la septième année du payement du Vingtième, il devrait rester peu de dettes à rembourser... L'Édit du Vingtième est du mois de décembre, il ne fait commencer l'imposition que du 1er janvier suivant. L'arrêt pour le don-gratuit est du 25 novembre, il veut que ce don commence au premier janvier précédent, onze mois, cinq jours avant qu'il ait été rendu. Une loi nouvelle, surtout en fait d'imposition, ne peut avoir d'effet rétroactif, ni obliger que pour l'avenir... » (1). Au reste, ces remontrances ne tendaient point à obtenir une exemption complète ; elles demandaient qu'il fût tenu compte des facultés du Clergé et que la répartition fût sage et peu onéreuse. Les 150.000 liv. de France indiquées comme en rapport exact avec les revenus du Clergé supposaient sur le pied du vingtième, 3.000.000 de liv. de revenus au même cours. Or, il résultait de recherches précises que tous les biens ecclésiastiques situés en Lorraine et ceux possédés en France par des Lorrains, donnaient au plus un revenu de 2.400.000 liv., dont le tiers au moins appartenait à des bénéficiers allemands ou français. Le Clergé de domination étrangère payait en Lorraine selon les rôles du Vingtième : 3.995 liv. 5 s. 6 d., correspondant à un revenu de 79.905 liv. 10 s. Les biens du Clergé français situés dans la Province pouvaient former un revenu de 4 à 500.000 liv. Quant au Clergé lorrain, il jouissait au plus de 1.700.000 à 1.800.000 liv. en

(1) *Ibid.*, p. 10.

comprenant même les biens qu'il détenait en France et pour lesquels il était taxé au dixième. De plus, dans le malaise général du pays, le Clergé commençait à éprouver une diminution sensible de ses revenus. Tout ce qu'il pouvait faire était d'offrir annuellement, et à commencer du 1er janvier 1757, pour tout le temps que serait levé le Vingtième, une somme de 120.000 liv. ; de 100.000 seulement, si l'on continuait à l'imposer dans le Royaume pour les biens qu'il y possédait.

C'est sur ces entrefaites que plusieurs membres du Clergé du second ordre, redoutant une répartition inégale, effrayés de la déclaration faite par l'évêque de Metz : que les titulaires français possédant des biens ecclésiastiques en Lorraine ne contribueraient point au payement de la somme demandée, donnèrent à entendre qu'ils préféreraient être soumis au Vingtième. Le Contrôleur Général saisit avec empressement cette offre un peu vague, non qu'il pensât que l'ensemble du Clergé lorrain la ratifierait jamais, mais parce qu'il y vit une occasion de mettre un terme aux indécisions et aux lenteurs. Un arrêt du Conseil des finances, du 11 juin 1757, annonça qu'en raison d'un désir unanime auquel le roi voulait bien satisfaire, la demande d'un don gratuit était non avenue ; que les biens du Clergé seraient assujettis, à compter du 1er janvier 1756, au Vingtième, de la même façon que les biens laïques.

Il ordonnait à tous les titulaires de bénéfices de fournir dans la quinzaine leurs déclarations au Directeur général du Vingtième (1).

Le procédé réussit pleinement ; ce que le Contrôleur Général avait prévu se produisit. Un grand émoi se répandit dans le Clergé ; ainsi donc, on mettait les biens ecclésiastiques dans la même classe que ceux des laïcs ! Le nouvel arrêt portait une atteinte sensible aux privilèges et immunités de l'Église puisque ses ministres ne devaient contribuer aux charges de l'État qu'à

---

(1) *Recueil des ordon. de Lorraine*, IX, p. 860.

titre de don gratuit. Les évêques de Metz, Toul et Verdun se présentèrent à Lunéville pour en demander la révocation. Les bénéficiers lorrains étaient loin de refuser des subsides ; ils proposaient même une somme annuelle de 130.000 liv. de France à compter du 1er octobre 1756, somme qui excédait certainement le produit de l'imposition du Vingtième. On renvoya les prélats en Cour de France. Après quelques négociations dans lesquelles les ministres, qui tenaient encore à ménager tout au moins le Clergé, se montrèrent très conciliants, l'offre de 130.000 livres fut enfin acceptée et l'arrêt du 11 juin annulé par un autre du 26 novembre (1).

Toutefois, les bénéficiers lorrains ne furent point pleinement satisfaits et ils regrettèrent bientôt leurs propositions. Ils n'avaient promis les 130.000 livres que sur l'assurance que les biens ecclésiastiques, dépendant des bénéfices dont les chefs-lieux étaient situés en domination étrangère, seraient compris dans la répartition : or, l'arrêt les en exemptait. Ils avaient bien accepté que l'Ordre de Malte fût exempt, mais ils eussent voulu que la franchise ne s'étendît point aux curés, non croisés, titulaires de cures dépendant de cet ordre ; les titulaires lorrains de bénéfices grevés de pensions ne pouvaient retenir aux pensionnaires que le quatorzième, tandis que ceux des Trois-Evêchés avaient l'autorisation de prélever le sixième de ces pensions. Les différences de régime entre la partie évêchoise des diocèses de Toul, Metz et Verdun, et la partie lorraine suscitèrent le plus vif mécontentement dès que l'on fut à même de faire la comparaison, et bien qu'un don gratuit extraordinaire de 30.000 livres eût été demandé en 1756 au Clergé de la Généralité de Metz. C'est ainsi que les bénéficiers lorrains du diocèse de Toul, dans des remontrances arrêtées au palais épiscopal, le 10 janvier 1758, lors d'une assemblée des députés,

____

(1) *Ibid.*, IX, p. 382 (Arrêt du Conseil des finances concernant la répartition du Don-gratuit du Clergé).

observaient avec humeur que le don gratuit annuel de la partie française de ce diocèse n'était que de 6.000 livres, faisant avec les 4 sols pour livre 7.200 liv. ; tandis que la partie lorraine versait 87.483 liv. 17 s. 4 d., ce qui faisait que les Lorrains payaient, toutes proportions gardées, beaucoup plus que les Evêchois. Ainsi l'évêque de Toul ne donnait que 276 liv. ; mais le primat de Lorraine, dont le revenu était bien moins considérable, était cotisé pour 2.060 liv. Le Chapitre de la Cathédrale contribuait pour 1.050 liv. ; celui de la Primatiale, moins riche d'un tiers, pour 4.436 livres (1).

Des observations étaient encore échangées à ce sujet entre M. Drouas et M. de Courteille dans le courant de 1760. Mais, à ce moment même, en envoyant à Lunéville les quatre édits bursaux, le Contrôleur Général en joignait un autre à l'intention du Clergé. Il demandait à ce dernier de contribuer désormais au moins au second Vingtième, puisque l'on était obligé d'en réclamer un troisième de la part des laïcs. Les bénéficiers résistèrent tout d'abord ; mais, c'est honneur à eux, dans la lutte générale qui s'engageait, d'avoir compris que s'il fallait quelque sacrifice, il était plus équitable que ce sacrifice vînt d'eux que du peuple excédé. La rédaction de l'arrêt du Conseil des finances, du 6 juillet 1761, qui termina la discussion, était véritablement bizarre : voulant donner au Clergé de ses Etats une marque de la satisfaction qu'elle avait des témoignages de son zèle, S. M. acceptait l'offre qu'il lui faisait, dans son empressement de contribuer aux besoins de l'Etat, d'un second don gratuit de 100.000 livres, en reconnaissance de la modération que le roi avait la bonté d'annoncer du premier don gratuit à la somme de 120.000 y compris les quatre sols pour livre. Ce deuxième don gratuit serait perçu à partir du 1er octobre 1760 et la modération accordée pour le second aurait son effet à dater

(1) *Requête du Clergé lorrain du Diocèse de Toul, au Roy ; et Extrait du Registre des délibérations du Clergé lorrain du Diocèse de Toul, concernant le Don-gratuit ;* petit in-8° de 16 p.

du 1er janvier 1761 (1). De cette manière, le Clergé lorrain contribua aux Vingtièmes :

Du 1er octobre 1756 au 1er octobre 1759, pour une somme annuelle de . . . .   130.000 liv. tourn.

Du 1er octobre 1759 au 1er janvier 1761, pour . . . .   230.000   —

Et après le 1er janvier 1761, pour .   220.000   —

La répartition entre les diocèses des 130.000 liv. demandées à l'origine avait été décidée à la hâte pour 1757, dans une assemblée tenue à Metz ; mais il avait été entendu que la quote-part de chaque diocèse serait établie par la suite d'une façon plus rigoureuse. En 1761, les calculs nécessaires n'étaient point entièrement effectués ; l'édit du 6 juillet eut le tort, en fixant lui-même les sommes qui incomberaient désormais respectivement aux principaux diocèses, de consacrer pour l'avenir une méthode défectueuse et généralement désapprouvée. C'est ainsi que sur la base de la répartition provisionnelle, le diocèse de Toul (partie lorraine) fut chargé de . . .   150.260 liv.

Celui de Metz, de . . . .   47.868 liv.

Celui de Verdun, de . . . .   15.272 liv.

Ceux de Trèves, Besançon, Strasbourg, Langres et Châlons eurent à se partager les 6.600 liv. restant et d'après leurs arrangements particuliers (2).

Voici de quelle manière la somme retombant sur chaque diocèse était divisée entre les bénéficiers qu'il comprenait. La répartition, le *département* comme on disait de préférence, en était arrêtée par une *chambre* ou *bureau diocésain* composé de *commissaires-députés* qui représentaient les différentes classes de bénéficiers. Tout ecclésiastique bénéficier, régulier ou séculier, était inscrit au rôle, à l'exception, comme nous l'avons vu, de ceux de l'Ordre de Malte ou de ceux dont le bénéfice avait son chef-lieu à l'étranger. En étaient aussi exceptés les biens appar-

(1) *Recueil des ordon. de Lorraine*, X, p. 152.
(2) *Ibid.*

tenant aux hôpitaux, maisons de charité et écoles gratuites. Des *appariteurs* et *receveurs* étaient préposés par les députés pour le recouvrement des deniers. Le refus de payer était sanctionné par la saisie du temporel. Tout ce qui était réglé par les bureaux diocésains était exécutoire nonobstant opposition. Leurs procédures et jugements étaient sur papier non timbré et de plus exempts du contrôle d'exploit et des droits de présentation. L'appel se portait au Conseil des finances.

Cette imposition reçut le nom de *Don gratuit*, désignation générique conservée improprement par habitude et parce qu'elle ménageait les susceptibilités du Clergé. Ce Don gratuit n'avait, en effet, aucun rapport avec ceux offerts ou exigés, durant le régime ducal, notamment avec ceux perçus en 1617 et cent ans plus tard ; encore moins avec ceux par lesquels le Clergé contribuait aux dons de joyeux avènement. Ce n'était pas non plus le Don gratuit que le Clergé de France payait périodiquement pour le rachat des différentes impositions. Le Clergé de Lorraine ne fit point partie après 1737 de ce Clergé, mais bien du Clergé dit étranger ou de pays conquis que l'on opposait au premier. Parmi le Clergé dit étranger, celui de certaines provinces (Flandre, Artois, Hainaut, par exemple) était assujetti aux impositions de la même manière que la noblesse ; celui des autres généralités payait le Vingtième et la capitation d'après des abonnements séparés, convenus avec le Trésor royal. Notre soi-disant Don gratuit n'était qu'un de ces simples abonnements, au premier puis aux deux Vingtièmes, abonnement analogue à celui accordé à la même époque au Clergé de Franche-Comté par un arrêt du Conseil d'État du 11 mai 1757, et à celui qu'obtint également le Clergé d'Alsace (1).

Ajoutons qu'à la mort de Stanislas, le Clergé lorrain, outre l'abonnement aux Vingtièmes, contribua à une petite imposition établie sur les propriétaires de la Province pour le payement des gages du Parlement de Nancy.

(1) Cf. Necker, *De l'administration des finances de la France*, II, ch. IX.

CHAPITRE IV

LE PERSONNEL DES FINANCES

Pour savoir comment l'argent perçu par les collecteurs et receveurs, préposés à la levée des deniers des diverses impositions, passait dans la caisse du roi de France, il nous faut faire plus ample connaissance avec le personnel des finances. Jusqu'à présent, nous n'avons guère plus entrevu ces officiers que les contribuables ne le faisaient eux-mêmes.

Bien que leur organisation ait souvent varié en Lorraine, dans les dernières années du régime ducal, et particulièrement depuis le commencement du xviii° siècle, nous n'entrerons pas dans de longs détails rétrospectifs. Contentons-nous de dire qu'en 1737 on comptait : un *trésorier général des finances* qui centralisait les deniers perçus par des *receveurs particuliers* attachés à 63 *bureaux* ou *offices* ; — 40 pour la Lorraine proprement dite et 23 pour le Barrois ; — *un trésorier des parties casuelles*, un *trésorier de l'hôtel* et un *trésorier des troupes* (1).

L'administration française modifia, sans tarder, cet état de choses ; la trésorerie des parties casuelles, celle de l'hôtel et celle des troupes furent supprimées. A la place du trésorier général des finances furent créés, par édit du 27 septembre 1737, deux *receveurs généraux* ainsi que deux *contrôleurs généraux* des finances, les uns anciens, les autres alternatifs, c'est-à-dire les uns devant entrer en fonctions durant les exercices pairs, les autres durant les exercices impairs (2). Il faudrait se garder de

(1) *Archives nationales*, K. 1184. — *Archives de Meurthe-et-Moselle*, B. 1762. — *Recueil des Ordon. de Lorraine*, VI, p. 64.

(2) *Ibid.*

confondre ces contrôleurs avec l'officier qui prenait la même qualification sous Léopold, et qui, sans aucune analogie, était un véritable ministre des finances. Toutefois, des contrôleurs généraux avaient déjà existé en Lorraine avec des attributions semblables : on en trouve dès la fin du XVe siècle et une ordonnance de 1581, sur le droit de sceau, les place après le trésorier général (1).

La division des Duchés en bureaux de recettes particulières ne fut point changée tout d'abord, vu l'importance de la réforme, et bien que l'Intendant eût déclaré à ses chefs, dès son arrivée, que la multiplicité des offices aussi bien que l'ignorance de leurs possesseurs, qui les avaient acquis plutôt par rapport aux exemptions qui y étaient attachées que pour en remplir les charges avec la capacité nécessaire, avaient occasionné en cette partie un désordre des plus regrettables. Seulement, comme la Principauté de Commercy comprenait deux bureaux, l'un pour la Lorraine et l'autre pour le Barrois, il n'y eut plus, après 1737, que 39 recettes particulières dans l'un des Duchés et 22 dans l'autre. En 1741, l'édit du 4 novembre supprima enfin ces trop nombreux bureaux ; la Province fut divisée en 15 nouvelles recettes particulières auxquelles furent attachés 30 offices de receveurs, 15 anciens et 15 alternatifs. La Lorraine proprement dite comprit les recettes de Nancy, Boulay, Dieuze, Épinal, Lunéville, Mirecourt, Neufchâteau, Saint-Dié, Sarreguemines ; le Barrois, celles de Bar, Bourmont, Étain et Briey. Aux recettes de Saint-Mihiel et de Pont-à-Mousson étaient versées les impositions levées dans un double ressort mi-lorrain, mi-barrois. Il en fut de même pour Commercy, lorsqu'à la mort de Madame Royale son département forma, en 1745, une 16me recette. Par une déclaration de Versailles, du 4 octobre 1742, enregistrée au Parlement de Paris, Louis XV conféra aux nouveaux receveurs,

(1) Cf. Lepage. *Les offices des Duchés de Lorraine et de Bar et la Maison des Ducs de Lorraine*, p. 201.

pour le présent et l'avenir, sans qu'ils eussent à prendre en aucun temps de lettres de confirmation, le droit de jouir de toutes prérogatives et exemptions accordées, en France, aux officiers de même nom (1).

De 1737 à 1749 inclusivement, les receveurs généraux, les receveurs des 61 bureaux, puis ceux des 16 recettes particulières, encaissèrent, non seulement l'argent des impositions, mais celui de tous les revenus domaniaux et autres. Comme leurs prédécesseurs l'avaient fait depuis 1705, ils eurent la comptabilité des deniers provenant des eaux et forêts ; les autres deniers domaniaux passèrent pareillement par leurs mains ; de telle sorte que leur compte de fin d'année comprenait, au chapitre de l'actif comme à celui du passif, et le plus souvent groupées sans méthode rigoureuse, les rubriques les plus diverses. Le receveur général en exercice avait ainsi une gestion fort considérable ; il mentionnait sur ses registres toutes les recettes possibles, comme il devait faire face à toutes les dépenses prévues et imprévues ; il était à la fois : garde provisoire du Trésor royal, trésorier des parties casuelles, payeur des rentes, gages et autres charges de l'État (2). Ce ne fut que par l'édit de septembre 1749, que le Gouvernement français mit plus d'ordre dans cette administration financière en y introduisant la division du travail. Les recettes particulières furent alors une seconde fois supprimées pour être recréées aussitôt, sans modification territoriale mais après que les comptabilités forestière et domaniale eurent été retranchées de leur département. A côté des 30 receveurs particuliers des finances furent établis 15 *receveurs particuliers des bois*; aux receveurs et contrôleurs généraux des finances furent joints deux *receveurs* et deux *contrôleurs généraux des domaines et bois*, anciens et alternatifs. Les

(1) *Recueil des Ordon. de Lorraine*, VI, p. 304. — *Archives nationales*, K. 1184.

(2) *Ibid.*, *Archives de Meurthe-et-Moselle*, etc., comptes de la recette générale des finances (1737-1750).

receveurs particuliers des finances n'eurent plus que le maniement des deniers des impositions directes ; à la caisse du receveur général, outre cet argent arrivait celui des parties casuelles. Le receveur général des finances et celui des domaines et bois, complètement indépendants l'un de l'autre, faisaient parvenir séparément l'excédent de leurs fonds au Trésor royal de France (1). Une déclaration du 16 mars 1750 assimila ces officiers à leurs collègues de France et ces réorganisations successives rapprochèrent beaucoup le personnel comptable de Lorraine de celui établi dans le Royaume (2).

Pour étudier le mécanisme de la comptabilité des revenus de la Province, nous envisageons l'époque où ces transformations étaient déjà accomplies ; par l'examen séparé d'opérations autrefois confiées à un même officier, qui les mentionnait indistinctement dans un compte final, mais qui, en réalité, avait dû consacrer à chacune d'elles des soins et des calculs différents, nous en aurons ainsi une idée à la fois plus nette et plus complète.

Des mains des collecteurs de la Subvention, de celles des collecteurs et receveurs des Vingtièmes, le produit de ces impositions était versé aux 16 recettes particulières, en deux termes pour la Subvention, et en quatre pour les Vingtièmes. Nous savons déjà que c'était de chacune de ces recettes qu'avaient été adressés aux Chambres des Comptes, sous peine d'amende pour l'officier en exercice, les rôles de l'année précédente, nécessaires à la répartition ; que de ces recettes, aussi, avaient été distribués les mandements dans chaque communauté de leur ressort.

Au bureau de Bouzonville, et après 1741 à la recette parti-

(1) *Ibid.*, Comptes de la recette générale des domaines et bois (1750-1766).

(2) *Recueil des Ordon. de Lorraine*, VIII, pp. 94, 135 et 139.

culière de Boulay, était versée l'imposition spéciale du Mertzig et Sargau ; au bureau de Fénétrange, puis à la recette de Sarreguemines : la Taille à volonté de la Baronie ; à la recette de Sarreguemines, encore, le Droit de sauvegarde de Frauenberg et Bousbach.

Au fur et à mesure de leurs encaissements, les receveurs particuliers faisaient parvenir les sommes non employées en dépense, par à-comptes, à la recette générale de Nancy : c'était le plus ordinairement par l'intermédiaire des grands banquiers entrepositaires de cette ville.

Le receveur général des finances touchait directement des préposés du Clergé les deniers de l'Abonnement accordé aux bénéficiers ; et, des syndics de la Communauté des juifs, le montant de leur Tribut annuel ou du Vingtième de leur industrie. Avec ces fonds, il acquittait les charges correspondant aux différentes impositions accessoires ; c'est ainsi qu'il payait les appointements des lieutenant général et gouverneurs des villes ; ceux de la maréchaussée ; qu'il donnait au personnel des Ponts et Chaussées, outre ses gages, l'argent nécessaire à la confection de certains travaux publics ; qu'il soldait le prix des adjudications des fortifications, redoutes, etc. ; qu'il comptait avec le trésorier des troupes, le trésorier provincial de l'extraordinaire des guerres et le trésorier de la milice, suivant les ordres venus du ministère ou de l'Intendance. C'est chez lui que l'on touchait les rentes nouvelles, les gages des officiers des finances, les remises et taxations accordées sur les impositions aux Chambres des Comptes, aux syndics des juifs, aux autres préposés, et enfin aux comptables.

Les quittances et toutes pièces expédiées par le receveur général devaient être contrôlées et enregistrées, dans le mois, par le contrôleur général en exercice qui recevait 20 sols pour le contrôle, ou la décharge du contrôle, de chaque quittance, et vingt sols par mille liv. du montant des rentes et gages (1).

(1) *Archives nationales, Ibid.*

Le receveur général inscrivait, jour par jour, et sans intervalle, du 1er janvier au 31 décembre, sur un registre-journal, coté et paraphé par le premier président de la Chambre des Comptes de Lorraine, toutes ses recettes et ses dépenses (1). Chaque huit jours, il avait soin d'envoyer à l'Intendance des bordereaux de son actif et de son passif. L'Intendant les adressait à Paris afin que l'on y connût régulièrement le montant des sommes en caisse. Du bureau particulier du Contrôleur Général des finances, ces bordereaux passaient au bureau de la correspondance où l'on vérifiait si les receveurs particuliers n'étaient point en retard, si les chiffres en dépense étaient conformes aux décisions prises et aux sommes qui devaient être réellement acquittées sur les revenus de la Lorraine (2).

Selon l'état de la caisse, les gardes du Trésor royal de France donnaient périodiquement, sur la recette générale de Nancy, un nombre plus ou moins grand d'assignations d'importance variable. Le receveur faisait face à ces prescriptions en échange d'un récépissé. L'argent du Vingtième était expédié en presque totalité au Trésorier Général de la Caisse des amortissements. Rappelons que l'Abonnement des Vingtièmes ne comprenait point les gages, rentes et pensions; aussi les retenues faites par le receveur général des domaines et bois sur les importants payements qui lui incombaient, étaient-elles envoyées séparément par lui, en partie aux gardes du Trésor, en partie à la Caisse des amortissements (3).

L'exercice clos, il s'agissait de procéder à la vérification des comptes. Seul, était comptable, devant le Conseil des finances et la Chambre des Comptes de Lorraine, le receveur général. En sa qualité de chef du Conseil, l'Intendant était chargé de faire dresser et de signer *l'état au vrai* de la recette et de la dépense que devait lui présenter le receveur. Cet état, examiné

(1) Cf. *Archives de Meurthe-et-Moselle*, B. 12.451.
(2) *Archives nationales, Ibid.*
(3) *Archives de Meurthe-et-Moselle*, B. 1848.

et vérifié au Conseil où les totaux de l'actif et du passif étaient arrêtés, devenait l'*état du roi*. Pour la forme, on joignait alors à cet état des lettres patentes de Stanislas ordonnant le versement de l'excédent au Trésor royal de France, — versement déjà fait en réalité, et par fractions, comme nous venons de le dire. C'est muni de l'état du roi et des pièces justificatives de ses dépenses que le receveur général présentait ses comptes en audition par devant les maîtres des Comptes. L'état final était alors établi. Si la balance était juste, le comptable se voyait « bien et valablement déchargé »; s'il y avait un déficit, il devait le combler; s'il restait un reliquat, il devait attendre qu'il eût reçu l'ordre de l'employer en dépense pour se présenter de nouveau à la Chambre et obtenir sa décharge définitive.

Pour l'épurement du compte, il était alloué 600 liv. dont 300 à la Chambre comme frais et vacations, et 300 au receveur pour façon de l'état au vrai à présenter au Conseil et du compte à fournir à la Chambre.

La Subvention et les Vingtièmes formaient l'objet de deux comptes distincts. Le receveur général présentait, en outre, un troisième compte pour les parties casuelles. Avant 1737, c'était un trésorier spécial qui était chargé des deniers de cette dernière catégorie de revenus ; durant tout le règne de Stanislas ce fut le receveur général des finances. A la mort du roi de Pologne, enfin, une déclaration du 15 juin 1766 décida que les versements casuels se feraient pour la Lorraine comme pour tout le reste du Royaume, au bureau du trésorier général à ce préposé.

Nous avons, avant de quitter la recette générale des finances, à donner quelques détails sur les Parties Casuelles ; nous parlerons ensuite de tout ce qui se rattache à la comptabilité des Eaux et Forêts et du Domaine.

DEUXIÈME PARTIE

LES PARTIES CASUELLES ; LES OFFICES VÉNAUX

On entendait par *Parties Casuelles*, dans le langage financier de l'ancien Régime, les sommes payées au souverain pour l'obtention des offices vénaux nouvellement créés, restés au fisc, ou y dévolus pour quelque cause que ce fût.

Les revenus casuels compris dans le budget de la Lorraine, sous l'administration française, provenaient de quatre objets bien distincts et d'inégale importance :

1° Les *finances des offices à vie demeurés ou retombés au fisc* :

2° Les *finances des places de perruquiers* ;

3° Les *finances des offices héréditaires de nouvelle création*. A ces recettes s'opposait le remboursement du prix des offices supprimés.

4° Les *droits de prêt et d'annuel* dus par les possesseurs d'offices héréditaires.

1. *Offices à vie demeurés ou retombés au fisc*. — Chaque année, un certain nombre d'offices à vie, créés à titre de finance, retombaient au fisc par la mort de leur titulaire. Ces offices étaient alors dits : *vacants et impétrables aux parties casuelles*, où chacun pouvait venir les *lever*, ainsi que ceux qui, depuis leur création, n'avaient point trouvé de titulaire. S'il se présentait plusieurs amateurs, l'office était en quelque sorte mis aux enchères et adjugé au plus offrant. Suivant qu'il était

plus ou moins recherché, sa finance primitive était augmentée ou modérée ; l'acquéreur était dit : *nommé par finance* (1).

Parmi ces offices, je relève d'anciens offices : d'arpenteurs, de premiers forestiers, d'huissiers audienciers, de notaires, de greffiers d'hôtel de ville, de curateurs en titre, de sergents de prévôté, de receveurs des deniers patrimoniaux et d'octroi des villes, etc. A la suite des remaniements opérés, après 1737, dans tous les départements administratifs, et de la création de presque tous les nouveaux offices à titre d'hérédité, les offices à vie furent de moins en moins nombreux et tendirent à disparaître. Le total annuel de cette recette fut toujours, d'ailleurs, on le comprend, fort variable ; il était, par exemple, en 1738 de 6.403 liv. 6 s. ; de 73.108 liv. en 1747 (2).

2. *Places de « perruquiers, barbiers, baigneurs et étuvistes »*. — Par édit du 24 juillet 1710, Léopold avait érigé les fonctions de perruquier à titre de finance. Pour excuser ce procédé fiscal, le Duc démontra que « l'art » du perruquier contribuait beaucoup non seulement « à la propreté et à l'ornement, mais encore à la santé des hommes » (3). Tout perruquier fut obligé de prendre des lettres de provision dont le prix variait suivant la résidence. Mais ces sommes ayant été déclarées exagérées, le Prince avait accordé des exemptions ou des modérations (4). Sous l'administration française, la finance des places de perruquiers, barbiers, baigneurs et étuvistes, dut être intégralement payée d'après le tarif primitif : 150, 200 et

(1) Faute du payement du *prêt* et de *l'annuel*, les offices héréditaires devaient également, au décès de leurs titulaires, retomber vacants aux parties casuelles : mais, comme ce cas est purement théorique, qu'en fait il ne se présentait jamais, nous l'omettons dans notre classification.

(2) *Archives de Meurthe-et-Moselle*, B. 1763, etc. — Pour tout ce qui suit cf. les comptes de la recette générale, *l. cit.*

(3) *Recueil des ordon. de Lorraine*. I. p. 705.

(4) Pour plus de détails, V. Baumont, *Études sur le règne de Léopold*, p. 304.

300 livres. Le produit de ces droits formait un petit chapitre bien spécial dans la comptabilité casuelle ; il s'élevait à 1.200 liv. en 1738 ; 2.850 liv. en 1748 ; 2.350 liv. en 1751 ; etc.

3. *Créations et remaniements d'offices héréditaires.* — La vénalité et la multiplicité des offices étaient choses inconnues à l'ancienne Lorraine ; elles avaient été importées dans les Duchés au XVIIe siècle, durant l'occupation. Ce qui précède montre suffisamment que les derniers Ducs imitèrent l'exemple qui leur avait été donné, et qu'ils usèrent, tout comme les rois de France, quoiqu'à un degré moindre, d'un procédé fiscal qui assurait au Trésor des capitaux immédiats (1).

Au XVIIIe siècle, l'administration française continua d'appliquer ce système à la Province, mais en l'exagérant ; le Gouvernement battit monnaie en Lorraine avec des créations et remaniements successifs d'offices ; il spécula sur ces changements d'une façon déplorable. D'une part, l'Intendant constate, dès 1737, le désordre qui règne dans les services publics, il en donne pour cause essentielle le grand nombre des offices vénaux, et, simplifiant des rouages en effet trop compliqués, il diminue le personnel existant. Mais, d'un autre côté, à Paris, on ne perd point de vue l'intérêt du Trésor ; les nouveaux offices devront être portés à des taux tels, qu'après le remboursement des anciens, il reste finalement un capital considérable à encaisser ; bien plus, le Contrôleur Général, par un illogisme qu'explique à peine la pénurie d'argent, ne tarde pas à ordonner à la Galaizière de créer, par ailleurs, à titre de finance, des charges absolument inutiles : bientôt l'élévation du prix des offices se compliqua de leur multiplicité ridicule. Les modifications, heureuses incontestablement, que l'Intendant apporta en bien des parties de l'administration de la province pour la rapprocher de celle du Royaume, furent ainsi souvent gâtées, tout d'abord par des demandes excessives de deniers aux titulaires des

(1) V. entre autres : Haumont, *Ibid.*

charges, ensuite par des créations d'offices inopportunes ou trop vastes.

En 1758, la Cour Souveraine pouvait dire sans exagération : « Il n'y a pas de province de France où l'on ait fait en si peu de temps une multiplicité de créations, telles que celles qui ont tiré du sein des deux Duchés les sommes considérables qui n'y sont pas rentrées » (1).

Il est intéressant de voir ici avec quelle ingéniosité, mais aussi avec quelle absence de modération, le Gouvernement français sut tirer parti des remaniements d'offices. Les chiffres que nous allons donner sont trop significatifs pour que l'aridité de leur énumération les fasse omettre.

Les opérations fiscales commencèrent dès septembre 1737, avec les premiers changements effectués dans le personnel des finances. La suppression des différents offices de trésoriers : trésorier général, trésorier des parties casuelles, trésorier de l'hôtel et trésorier des troupes amenait un remboursement total de 217.500 liv. (2). Non seulement les prix des offices du receveur et du contrôleur général des finances furent considérablement plus élevés, mais on les doubla, en quelque sorte, par le système de l'alternative. Un *officier ancien* et un *officier alternatif*, entraient tour à tour en exercice. Chaque année, indistinctement, l'un et l'autre touchaient les gages correspondants à la finance de leurs charges ; mais, tous les deux ans seulement, chacun d'eux entrait en fonctions et jouissait des taxations destinées à rétribuer son travail. Les quatre offices ayant été adjugés pour 826.666 liv. 13 s., il entra de ce coup au Trésor royal : 609.166 livres.

Le 2 décembre suivant, la création de 20 offices de procureurs à la Cour et à la Chambre des Comptes, taxés à 10.000 liv. ; de 14 charges de procureurs au bailliage de

(1) *Arrêté de la Cour Souveraine de Lorraine et Barrois, du 27 avril 1758 : In-8° de 7 p.*

(2) Respectivement : 100.000 ; 50.000 ; 37.500 et 30.000 livres.

Nancy, fixées à 8.000 liv., création complétée, le 25 janvier 1738, par celle de 6 autres offices de procureurs à la Cour, également à 10.000 liv., donna exactement une somme de 396.025 liv. 0 s. 4 d.

La même année 1738, par la réorganisation de la maréchaussée lorraine à l'instar de celle de France, et l'adjudication d'un office de prévôt et de quatre offices de lieutenants, le Contrôleur Général obtenait le versement d'un capital de 129.166 liv. 13 s. 4 d.

La réforme de la division financière de la Lorraine, en 1741, bien qu'amenant la suppression de plus de 60 bureaux, remplacés seulement par 15 recettes particulières, fut non moins avantageuse, grâce à l'élévation des prix et à l'alternative. On remboursa, il est vrai, 764.469 liv. 4 s. 6 d. tournois ; mais on toucha, d'autre part, 1.642.000 liv. au même cours, soit un excédent de recette de 1.133.477 liv. 4 s. 10 d. de Lorraine. Les modifications apportées encore dans ce même personnel des finances, en 1749, lorsqu'on lui retira les comptabilités forestière et domaniale, furent l'occasion d'une même spéculation. Quoique l'importance des fonctions des receveurs généraux ait été diminuée par le fractionnement de leurs attributions, le prix de leurs offices, une fois recréés, fut porté au double, et de 387.500 liv. chaque, élevé à 775.000 liv. Le bénéfice de ce changement était déjà notable ; il faut y ajouter les finances versées par les offices institués en surplus : ceux de receveurs et contrôleurs généraux des domaines et bois, anciens et alternatifs, et les 15 recettes particulières des bois ; finances qui dépassèrent elles-mêmes un million. On comprend que ce pût être là le motif à de vives remontrances, comme celles que la Cour Souveraine signa le 2 décembre 1749.

C'est dans un pareil esprit que fut accomplie la transformation de l'administration forestière. Un édit de décembre 1747 ayant créé 15 maîtrises à la place des anciennes grueries : en 1751, alors que tous les nouveaux offices de ces maîtrises n'étaient point encore levés, le receveur des finances avait remboursé aux anciens titulaires 446.606 liv. 13 s. 4 d., mais reçu des acquéreurs : 2.856.079 liv. 10 s. 16 d. auxquels la création d'un grand maître des eaux et forêts en 1756 devait ajouter 387.500 liv.

Ce fut surtout dans la suppression et le rétablissement des bailliages et prévôtés, ordonnés par l'édit de juin 1751, que la fiscalité atteignit son maximum : 1.300 offices de judicature étaient créés et leur finance portée à 6.689.283 liv. Cette année même le comptable faisait en conséquence un remboursement de 2.937.867 liv. 0 s. 7 d. et inscrivait en recette, aux parties casuelles, 4.019.795 liv. 16 s. 8 d. Mais le reste des offices ne se leva pas. Le pays était épuisé d'argent, et les riches Français qui avaient quelques attaches dans la Province avaient eu le loisir, depuis 1737, de se procurer un nombre d'offices suffisant pour satisfaire leur vanité ou placer leurs deniers. Il fallut, même, que le Gouvernement se contentât, pour ceux des offices qui trouvèrent des titulaires, d'être payé, en partie par la liquidation des charges supprimées, en partie par la liquidation des anciennes dettes d'État qui furent admises pour argent courant. Les credi-rentiers cédèrent par contrat leurs droits aux acquéreurs d'offices des maîtrises ou des bailliages qui les employèrent comme payement de la finance. Ainsi furent éteintes, en 1751, des dettes d'État pour un capital de 1.143.493 liv.

Pour réaliser un bénéfice plus complet, le contrôleur Machault imagina alors de faire payer par la Province l'intérêt des capitaux versés pour l'obtention des offices créés depuis 1737. Plus de 500.000 liv., ainsi que nous le savons déjà, furent demandées aux contribuables lorrains, de 1752 à 1758 inclusivement, pour subvenir aux gages attachés à tous ces offices sans exception, et bien que la plupart des derniers n'eussent point eu d'acquéreurs. A aucun moment, combinaison bursale d'une injustice plus révoltante ne fut essayée en Lorraine ; celle-ci frappa tellement les esprits qu'à la veille de la Révolution on la reprochera encore au gouvernement. Se reportant trente ans en arrière, le Parlement de Nancy rappellera au roi, en 1788, combien « toutes les ressources du génie fiscal semblèrent se développer à cette époque pour atteindre au dernier terme de ses facultés » (1).

Les ministres ne s'arrêtèrent dans cette voie que devant l'impossibilité d'écouler une telle quantité d'offices, à si haut prix. Toutes les branches de l'administration n'avaient-elles pas été déjà, d'ailleurs, l'objet des transformations désirées? En quinze années, les calculs des Contrôleurs Généraux avaient tendu à faire entrer de cette manière au Trésor un capital d'environ dix millions.

Nous n'avons point à nous étendre ici sur les vices inhérents à la vénalité des offices. Disons seulement en passant que fort relatif était l'avantage que l'État retirait de leurs créations multiples, les titulaires recevant en échange de leur finance des gages à peu près proportionnés à l'intérêt de cet argent et des exemptions d'impôts. De plus, la vénalité et l'hérédité de tant d'offices faisaient que pour presque tous les départements administratifs la capacité à en remplir les fonctions était reléguée au second plan. Mais l'abus de ce système eut de plus en Lorraine des conséquences particulières et non moins regrettables.

a) Ces créations et remaniements successifs supprimèrent toute stabilité. Les titulaires des charges récemment créées se voyaient, peu après, contraints pour conserver leurs fonctions d'augmenter, de doubler même, comme durent le faire les receveurs généraux, la finance primitive ; ce qui constituait une sorte d'emprunt arbitraire et forcé.

b) Les prix et le nombre excessifs de ces offices firent, d'une part, sortir de la Province des sommes considérables, pour ce

(1) *Mémoire sur l'état de la Province de Lorraine relativement aux impôts.... s. l. n. d. in-8° de 36 p.*

qui est des titulaires lorrains ; mais, d'autre part, les principales charges ayant été acquises par des étrangers, ces derniers dépensaient hors de la Lorraine, non seulement l'intérêt de leurs capitaux, ce qui se conçoit, mais aussi les bénéfices de leurs fonctions, bénéfices fournis uniquement par les contribuables.

c) Et, en effet, ce n'était pas la simple satisfaction d'être investi d'une partie de l'autorité publique et l'occasion de placer utilement son argent qui eussent suffisamment attiré les acquéreurs. L'intérêt accordé n'était point très considérable ; les gages ne se payaient le plus souvent qu'au denier 25 (4 %) et même au denier 30 du prix de la finance, et l'État — tout comme pour notre dette consolidée — n'était jamais tenu de rembourser le capital. Mais, des faveurs diverses, à la charge de la Province, engageaient à lever ces offices ; de 1737 à 1766, au fur et à mesure que l'augmentation de leur mise à prix et leur multiplicité les rendirent moins faciles à écouler, on les entoura de plus en plus de ces sortes d'avantages.

Le receveur général des finances en exercice avait ainsi, outre ses gages, de fort beaux émoluments qui, en 1750, dépassaient 120.000 liv. ; c'était : un droit, dit d'exercice, de 2.400 liv. en 1737 et porté, avec la recréation de la charge, en 1749, à 6.406 liv. 13 s. 4 d. ; c'était aussi des *taxations* sur les deniers des recettes, ce qui grossissait d'autant les impositions. En 1737, le receveur touchait 3 deniers pour livre ; en 1750, ce fut 6 deniers sur le recouvrement des impositions ordinaires, 4 deniers sur celui des impositions extraordinaires et des Vingtièmes, 6 deniers pour la retenue du dixième des gages, 3 deniers sur les parties casuelles ; il faut y ajouter les 10 sols pour 100 livres, comme droit de quittance, payables par toute partie prenante sur l'état du roi. Les receveurs particuliers avaient de même leurs taxations. On se souvient que le seul abonnement aux Vingtièmes fut augmenté à cet effet de 50.375 liv.

Pour les offices des eaux et forêts, il n'en était pas autrement ; les titulaires reçurent de fortes *attributions*, très lourdes pour les sujets. La Cour Souveraine déclarait même que la création des offices des maîtrises avait été la plus onéreuse à la Province : « L'attribution faite aux officiers de trois livres dix sols de France par chaque arpent d'affouage qu'ils délivrent aux habitants des communautés, et de deux sols pour livre du prix des ventes et adjudications de leurs bois, lorsque ces communautés obtiennent la permission d'en vendre pour les besoins publics, ruinent les peuples des campagnes, qui achètent par là l'usage de leurs propres forêts et payent souvent, et au-delà, le prix des bois qu'ils en tirent, tandis que l'usage de ces bois devrait leur être propre... (1) ».

Que dire des offices de judicature ? Comme ceux créés en 1751 ne se levaient que très péniblement, une déclaration, du 21 juin 1752, accorda aux titulaires le droit d'exiger 10 sols tournois par franc barrois alloué dans les tarifs des frais de justice, tandis que pour le public ce franc ne valait que 6 s. 7 d. ce qui fit une augmentation de plus du tiers (2). Aussi « l'excès des attributions faites aux procureurs, aux greffiers et huissiers des nouveaux sièges par la conversion des francs barrois en 10 sols de France a-t-elle fait une telle playe à l'État, que les peuples des deux Duchés sont forcés de renoncer au droit si naturel de demander justice sur leurs prétentions. Le débiteur de mauvaise foi triomphe, et le créancier, avec le titre le plus certain, ne peut être payé parce qu'il préfère perdre ce qui lui est dû aux risques d'en exposer le triple en frais de justice. (3) ».

d) Le bon ordre du service fut enfin sérieusement compromis. Les offices qui trouvèrent acquéreurs furent levés, pour la plupart, par de riches Français qui en conférèrent les fonctions à des fondés de pouvoirs. Il y eut un trafic étonnant de ces offices.

(1) *Mémoire servant d'éclaircissemens et de supplément aux remontrances de la Cour souveraine du 27 juin 1758*, du 3 août 1758, In-4 de 96 p.

(2) Cf. *Recueil des ordon. de Lorraine*, VIII, p. 333.

(3) *Mémoire servant d'éclaircissemens*... l. cit.

Sur l'invitation même du Gouvernement qui en désirait l'achat immédiat, des financiers de profession, ou des sociétés, en réunirent un grand nombre. Deux neveux du Chancelier sont une preuve des faits que nous signalons. Lorsque furent créées les deux charges ancienne et alternative de receveur général des domaines et bois, ils s'en rendirent acquéreurs, et, par ordre exprès de leur oncle, furent reçus par la Chambre des Comptes sans les formalités d'usage, sans représentation d'extraits baptistaires, sans information préalable de vie et mœurs « attendu leur éloignement ». Ayant réuni de plus à ces offices, 13 des 15 recettes particulières des bois, et versé en conséquence une finance de 872.649 liv. 11 s. ils eurent en leur main, sans jamais venir en Lorraine, presque toute la comptabilité domaniale et forestière de la Province (1). Quant aux offices non-levés, ils furent la cause de graves lacunes dans l'administration. En 1758, encore, beaucoup des nouvelles charges de judicature, créées en 1751, n'ayant point de possesseurs, dans la plupart des bailliages la justice était rendue par 1, 2, 3 ou 4 juges au plus (2).

4. Droit de prêt et d'annuel des offices héréditaires. — A la suite des représentations des titulaires d'offices qu'il leur était fort dur de ne pouvoir disposer librement de leurs charges et en laisser la jouissance à leurs veuves, Léopold, par l'ordonnance du 10 septembre 1700, leur avait accordé la grâce qu'ils sollicitaient, moyennant le versement, à la place de l'annuel usité en France, d'un droit de quart-denier de la finance, droit qui se percevait également à chaque mutation entre-vifs. Ce quart denier était dû soit par le résignataire, soit par le nouveau pourvu, soit par les deux parties, au gré des stipulations. Lorsque l'édit du 28 mai 1717 eut érigé en titre d'hérédité tous les offices de receveurs des finances, tabellions, gardes notes et

(1) *Ms. 80 de la Bibliothèque de la Société d'Archéologie lorraine.*
(2) *Mémoire servant d'éclaircissemens... J* cit.

notaires, jusqu'alors simplement conférés à vie, les possesseurs eurent à payer, en guise de paulette, le centième denier du prix de ces offices. Ainsi avait été établi l'annuel en Lorraine, et ce système fut successivement étendu à d'autres offices. Cet annuel était exigible au mois de décembre. Mais cet état de choses n'avait point duré ; l'édit du 25 mars 1720 ayant éteint et supprimé tous ces offices, sans que les titulaires eussent été privés pour le moment de leurs fonctions, une déclaration du 27 février 1725 rétablit ces charges et les affranchit à l'avenir de tout droit de paulette. Les titulaires des offices créés dans l'intervalle n'eurent qu'à verser, une fois pour toutes, le denier vingt-cinq de leurs finances (1).

En 1737, les transmissions d'offices vénaux casuels s'opéraient donc sans droit de mutation ou de paulette. Mais, au fur et à mesure que l'administration recréa ces offices, ou en érigea de nouveaux, les possesseurs furent généralement soumis à l'annuel. Ce furent d'abord les receveurs et contrôleurs généraux des finances; on modéra toutefois le droit en leur faveur et sans tirer à conséquence : le receveur général ne versait ainsi que 1.000 liv. et le contrôleur 150 liv. Puis, plus tard, en compensation de la dispense des quarante jours et de la conservation des offices à leurs veuves ou hoirs, les titulaires des nouveaux sièges de maîtrise et les receveurs particuliers durent laisser un annuel fixé « au 60me de l'évaluation de la finance au tiers », soit le 180me denier de cette finance. Assimilés à leurs collègues de France, les receveurs et contrôleurs généraux des domaines et bois, et les receveurs particuliers des bois, furent dispensés du payement de tout droit. Quant aux receveurs et contrôleurs des finances de la seconde création, ils eurent pour le même motif l'annuel réglé seulement « au 60me du 12me de la finance ». Mais, comme ceux du Royaume, ils étaient assujettis en plus au prêt « sur le quadruple de l'annuel », et à la retenue du

____

(1) Cf. *Recueil des ordon. de Lorraine*, I, p. 253 ; II, p. 123, 244 : III, p. 78.

dixième de leurs gages. Les officiers de judicature, institués par l'édit de 1751, virent leur annuel établi au 180ᵐᵉ de la finance avec le prêt en proportion et la retenue du dixième. En outre, par la déclaration du 30 octobre 1761, ils durent à chaque résignation payer un autre droit de 8ᵐᵉ denier avec deux sols pour livre.

En 1766, les prêt et annuel des offices de Lorraine et Barrois formaient un objet de 52,857 liv. (1).

(1) *Ibid.*, VI, p. 64 ; VIII, pp. 135, 333 ; IX, p. 220 ; etc.

TROISIÈME PARTIE

LES EAUX ET FORÊTS

CHAPITRE PREMIER

LES REVENUS DES EAUX ET FORÊTS

A côté des *Impositions* que nous avons classées et étudiées, des *Parties Casuelles*, puis de la *Ferme générale* qui va nous occuper tout à l'heure, les *Eaux et Forêts* étaient une des sources des importants revenus que la France tirait des Duchés. Depuis des siècles, les bois formaient une portion considérable du Domaine ducal ; peu à peu les souverains de Lorraine, poussés d'ailleurs par le désir de voir prospérer leurs salines, s'étaient plu à accroître ces riches possessions forestières. Vers 1750, sur près de 400.000 hectares de forêts couvrant le sol lorrain, on peut en compter 111.000 comme domaniaux, soit 556.000 arpents (1). Durival, en 1778, évaluera, dans le même sens, à 640.000 arpents de Lorraine la superficie des bois appartenant au roi (2). Ce vaste ensemble se résolvait chaque année en un revenu toujours élevé, quoique fort variable par suite des ventes extraordinaires plus ou moins forcées et de l'aléa des amendes. Un mémoire officiel de 1746 estime ce produit, année commune, sur le pied d'environ 678.000 livres, chiffre qui bientôt, en

(1) D'après Guyot, *Les forêts lorraines jusqu'en 1789*, Nancy, 1886, in-8° (cf. p. 251).
(2) Durival, *Ibid.*, I, p. 300.

égard aux perfectionnements apportés par le Gouvernement français dans la régie forestière, devait être de beaucoup inférieur à la réalité (1).

C'est ainsi qu'en 1750, époque où la nouvelle organisation française porte déjà ses fruits, les eaux et forêts font entrer net au trésor royal 1.127.408 liv., somme à laquelle viennent successivement s'ajou   ~elles du tableau suivant :

1752 — 672.251 liv.		1759 — 357.016 liv.
1753 — 955.340 —		1760 — 822.685 —
1754 — 567.622 —		1761 — 392.405 —
1755 — 505.245 —		1762 — 436.664 —
1756 — 562.656 —		1763 — 441.885 —
1757 — 608.588 —		1764 — 563.978 —
1758 — 381.387 —		1765 — 547.749 —
	1766 — 645.245 liv. (2).	

Ces totaux sont l'excédent de la balance établie entre les diverses recettes effectuées, en ce qui concerne les bois des Duchés, et les dépenses occasionnées par le personnel administratif et les améliorations poursuivies. Du côté des recettes sont à mentionner des articles fort différents. En première ligne viennent les produits des ventes tant ordinaires qu'extraordinaires faites par le grand maître en présence des officiers des maîtrises, et comprenant depuis les adjudications d'arbres de futaie, taillis ou chablis, jusqu'à celles plus restreintes de hêtres pour le sabotage, des saules ou coudriers pour la fabrication des cercles, des épines pour les rames des champs ; les délivrances de bois aux directeurs de forges et à ceux de diverses usines. A côté de ces produits ligneux s'en plaçaient d'autres, dont l'importance avait fort décliné depuis le moyen-âge, mais parmi lesquels quelques-uns, malgré tout, n'étaient

(1) *Archives nationales*, K. 1184.
(2) *Archives de Meurthe-et-Moselle*, B. 10.523-10.676.

encore nullement négligeables (1). Les revenus des carrières de pierre ou de sable ont considérablement baissé ; c'est par exception qu'ils s'élèvent en 1756, dans la maîtrise de Briey, à une somme de 600 livres. Il en est de même des adjudications de pierres-meules provenant des forêts assises sur le grès. Citons aussi celles de terres défrichées, de vaines pâtures, de pêches, etc. Quant à l'adjudication des *glandées*, elle est chose plus sérieuse ; de tous temps, ces locations de grasses pâtures, ou paissonnages, destinées à l'élevage des porcs, avaient atteint dans la Lorraine des sommes considérables ; plusieurs règlements rendus sous Stanislas à ce sujet, nous indiquent que la question présentait encore à cette époque un assez grand intérêt (2). C'est ainsi qu'en 1756, la glandée, dans les bois domaniaux de la maîtrise de Bar, rapporte 1.153 liv. ; 1.247 dans celle de Briey ; 1.718 dans celle de Lunéville ; 1.779 dans celle de Nancy ; le siège de Sarreguemines perçoit même 4.762 livres. Deux autres sortes de produits non ligneux méritent de nous retenir davantage, non pas tant peut-être à cause de leur importance intrinsèque que parce qu'ils étaient assez spéciaux à notre région ; nous voulons parler de ceux des *chaumes* et des *scieries*. Sous les Ducs, les chaumes et scieries avaient toujours été comprises dans les baux de la Ferme ; mais l'administration française étant résolue à poursuivre une réformation générale des eaux et forêts, avait cru devoir les comprendre dans ce département, et, dès lors, les officiers des maîtrises avaient été chargés de leurs location et admodiation.

« On appelle chaumes », nous explique d'Audiffret dans un mémoire, « on appelle chaumes une partie des plus hautes montagnes (des Vosges), au sommet desquelles il y a de fort grands et fort riches pâturages, avec de belles et abondantes fontaines... » (3).

(1) *Ibid.*, *passim.*

(2) V. *Recueil des Ordon. de Lorraine*, VI, p. 308 ; IX, p. 340 ; X, p. 372.

(3) *Ms. 155 de la Bibliothèque de Nancy.*

De la chaume dépendait une certaine quantité de jours de pâquis : les *gazons*, et la vaine-pâture dans les bois domaniaux y attenant : les *répandises*. C'étaient presque toujours des Suisses ou des Allemands qui prenaient ces chaumes à ferme. Ils y faisaient monter le bétail après la fonte des neiges, et en descendaient à la fin de septembre. Elles dépendaient de la maîtrise de Saint-Dié et surtout de celle d'Epinal. Parmi les plus importantes, nous pouvons citer, entre plusieurs, la chaume du Drumont, celle du Rouge-gazon, de la Jumenterie, du grand Ventron, etc. En 1749, plusieurs chaumes de la maîtrise d'Epinal étaient affermées pour 6.878 liv. ; d'autres, dans la maîtrise de Saint-Dié, pour 1.016 liv. ; l'année précédente les chaumes de la Bresse avaient été adjugées moyennant 2.000 livres.

Les baux des scieries, ces usines détachées de la Ferme générale, étaient de beaucoup plus élevés. Les scieries ou scies domaniales, établies au milieu d'essences résineuses sur de petits cours d'eau descendant de la montagne, et qu'un seul homme suffisait à diriger, servaient à débiter les sapins des forêts vosgiennes. Les planches qu'elles façonnaient se vendaient alors par foudre, c'est-à-dire par 25, et fournissaient surtout, après les Évêchés, les marchés de l'étranger : Trèves, les Etats du Rhin, la Hollande. Ces scieries dépendaient presque toutes des maîtrises de Saint-Dié et d'Epinal ; quelques-unes, de celle de Lunéville. Les scies domaniales rapportent en 1751, par exemple, pour le ressort d'Epinal, 1.535 liv., et pour celui de Saint-Dié, 35.012 liv. ; l'année suivante, c'est 2.125 et 39.420 liv., en 1755, celles dépendant de Lunéville se louent 4.500 liv. (1). Ces canons tendirent, d'ailleurs, vers des chiffres de plus en plus élevés ainsi que ceux des chaumes ; mais ces dernières furent de bonne heure retranchées de nouveau du département des forêts.

(1) *Archives de Meurthe-et-Moselle*, B. 10.527 et s.

Outre les parts d'adjudication de possessions indivises, les diverses redevances ou cens, le chapitre considérable des condamnations, dommages et intérêts, le roi percevait, enfin, une multitude de droits qui, en 1766, atteignaient environ le dixième du revenu total des eaux et forêts. C'est ainsi que revenait au roi, sous le nom de *tiers-denier*, cette perception si ancienne en Lorraine (1), le tiers du prix des adjudications de tout bois des forêts communales ; le tiers, de même, des adjudications de la pêche des rivières et ruisseaux communaux ; et encore, pour abréger, ces quelques droits à titre exceptionnel, tels que le tiers de l'adjudication des pêches appartenant à la bourgeoisie de Sarralbe, ou, dans la maîtrise de Briey, le même prélèvement sur un certain nombre des forêts appartenant à des seigneurs (2).

(1) Sur le *tiers denier* en Lorraine, V. Guyot, *Ibid.* — Costé, *Dissertation sur le droit de tiers-denier en Lorraine*, Nancy, 1840, br. in-8°.

(2) *Ibid.* — *Archives de Meurthe-et-Moselle*, B. 10.523. — 10.676. *passim.*

CHAPITRE II

LA COMPTABILITÉ FORESTIÈRE.

A tous ces revenus s'opposaient les dépenses assignées sur
la recette générale des bois et les dépenses particulières à
chaque maîtrise. Les premières comprenaient : les gages, gratifications, frais de bureau du commissaire du Conseil préposé au
département des forêts, et ceux du grand maître ; le chauffage
de l'Intendant qui était de 3.000 liv. ; le chauffage des officiers
des Chambres des Comptes de Nancy et de Bar, soit respectivement 1.725 et 1.350 liv. ; les frais d'arpentages extraordinaires ;
les taxations, enfin, du receveur général — 25.000 liv. environ —
la façon des comptes, les épices, etc. ; c'est-à-dire une somme
de 65 à 70.000 liv. Quant aux dépenses des maîtrises, elles
étaient occasionnées par les gages de leurs officiers et les
taxations des receveurs particuliers, les journées et vacations de
ces mêmes officiers, le chauffage des usagers, puis les cas
imprévus ; et elles pouvaient former un total dépassant souvent
300.000 livres (1).

C'était le personnel forestier lui-même qui, au XVIIe siècle,
se trouvait chargé de ces maniements de fonds. La séparation
des deux gestions, établie par la grande ordonnance française de
1669, fut appliquée en Lorraine durant l'occupation ; à leur
retour, les Ducs maintinrent cette utile réforme. Les finances des
eaux et forêts furent, depuis lors, confiées à différents agents.
Les receveurs des finances, créés par l'édit du 31 août 1698,
eurent d'abord cette comptabilité ; mais, dès le 20 janvier sui-

(1) *Ibid.*

vant, Léopold établissait deux receveurs généraux de la vente des bois, l'un à Nancy, l'autre à Saint-Mihiel (1). Lorsqu'en 1705, ce prince créa 60 receveurs des finances, le recouvrement du produit des grueries fit de nouveau partie de leurs fonctions. Tel était encore l'état de choses à l'arrivée de Stanislas. En 1741, le nombre des recettes des finances ayant été réduit à quinze, les titulaires, comme nous l'avons vu, continuèrent de recevoir les droits et revenus des eaux et forêts. Aux recettes correspondirent en 1747 les maîtrises. Puis eut lieu la plus importante modification. L'édit de septembre 1749 dédoubla le personnel des finances. Les offices de receveurs et contrôleurs généraux, créés par l'édit du 25 septembre 1737, et ceux des receveurs particuliers furent supprimés et recréés après qu'on en eût distrait la comptabilité forestière (2). Quinze receveurs particuliers des bois furent, dès lors, seuls chargés de faire recette du prix des ventes, tant ordinaires qu'extraordinaires, opérées dans l'étendue de la maîtrise répondant à leur siège, ainsi que celle des amendes et des restitutions. Ces receveurs prêtaient serment devant les officiers des maîtrises ; ils étaient installés par eux et devaient être présents aux ventes et adjudications. Outre 2.000 livres de gages effectifs, ils obtenaient trois deniers pour livre de taxation sur le prix des ventes de bois et 5 sols sur le produit des amendes. Ils acquittaient les charges assignées sur les maîtrises. L'argent des recettes particulières des bois était centralisé entre les mains d'un *receveur général des domaines et bois ;* cet officier percevait directement le prix des ventes des bois des communautés séculières. Ce n'était pas seulement, en effet, les biens fonciers de ces communautés qui étaient sous la tutelle des officiers des maîtrises, mais les deniers en provenant qui étaient aussi gardés dans la caisse du receveur général des bois, d'où ils ne pouvaient sortir que sur le vu de mandements ou

(1) Cf. *Recueil des ordon. de Lorraine*, I, p. 121.
(2) *Ibid.*, VIII, pp. 94, 135, 381.

ordonnances du grand maître, disposition qui provoqua d'ailleurs des doléances sans fin de la part de toutes les localités des Duchés. Le receveur payait directement les charges assignées sur la recette générale. Il rendait compte du tout par devant le Conseil des finances, après que le grand maître avait arrêté ses registres. Cet officier jouissait d'une taxation de 6 deniers pour livre sur le produit des ventes et amendes, comme aussi pour la gestion des revenus forestiers communaux ; l'arrêt du 10 juillet 1751 lui accorda de plus 5 sols sur les amendes adjugées au profit des communautés.

Les quittances délivrées aux adjudicataires des bois et les autres pièces de comptabilité étaient contrôlées par un *contrôleur général des domaines et bois* qui en tenait registre.

Nous avons dit qu'une même personne était autorisée à unir et incorporer en une charge unique plusieurs recettes particulières des bois, et que le receveur général pouvait même joindre à son office, à condition qu'il en commît l'exercice à des préposés, le nombre des recettes particulières qu'il jugeait à propos.

Tel fut, dans son ensemble, le mécanisme de l'administration financière des eaux et forêts en Lorraine, à partir du 1er janvier 1750. Nous ne retrouverons plus, dans le cours de cette étude, les quinze receveurs particuliers des bois. Mais le titre même porté par les receveurs et contrôleurs généraux « des domaines et bois » nous indique que ces officiers avaient une double fonction. A côté de la comptabilité forestière, et d'une manière bien distincte, ils avaient la gestion des finances domaniales proprement dites. C'est à ce propos que nous avons occasion d'entrer dans plus de détails sur leur rôle. Il nous faut désormais traiter du Domaine et des droits domaniaux lorrains.

QUATRIÈME PARTIE

LE DOMAINE ; LA FERME GÉNÉRALE
LES IMPOTS INDIRECTS.

CHAPITRE PREMIER

LA COMPTABILITÉ DOMANIALE ET LA FERME GÉNÉRALE.

Le mot *Domaine* avait en Lorraine, au xviiie siècle, différentes acceptions. Sa compréhension était alors plus ou moins large, suivant les points de vue auxquels on se plaçait. Les financiers lui donnaient une portée bien plus grande que les légistes. Pour eux, le Domaine est composé non seulement des terres sur lesquelles les Ducs, puis ensuite les rois de France, ont des droits de propriété ou de seigneurie, mais aussi de nombreux objets de droit qu'un lien arbitraire et souvent fictif unit les uns aux autres : contrôle, timbre etc. Dans le langage fiscal, on y joignait même les monopoles, les traites, et parfois, plus exactement encore, certains impôts indirects proprement dits. D'autre part, les bois en étaient exclus, parce que les Ducs se les étaient réservés pour les soumettre à une administration spéciale. Pour la commodité de l'expression courante, le *domaine* désignait aussi, et plus particulièrement, la partie foncière de cet ensemble, ainsi que les divers droits de nature féodale ; par *les domaines*, on entendait, au contraire, les droits régaliens que le souverain revendiquait sur les Duchés tout entiers.

Nous n'étendrons point au delà de ces deux derniers sens la signification du terme Domaine ; cette limitation correspond du reste à celle qui lui était en général donnée dans la pratique.

SECTION I. — **Comptabilité domaniale**.

Durant les dernières années du régime ducal, les officiers attachés à la comptabilité domaniale varièrent souvent. Les receveurs des domaines, établis dans chaque prévôté, avaient été très anciennement connus en Lorraine. Il nous reste des comptes du domaine de Condé de 1345 (1). Les pouvoirs de ces receveurs étaient fort considérables. Non seulement ces officiers percevaient les deniers, poursuivaient les droits de sceau des contrats, mais ils décernaient des contraintes pour leur recouvrement ; ils connaissaient des infractions de nature à léser les droits domaniaux, des contraventions aux droits de vente et de gabelle ; il leur était même loisible de commander les corvées nécessaires pour la réparation des biens du Domaine (2). L'ordonnance du 31 août 1698 réduisit le nombre des recettes domaniales à 16, n'en laissant subsister que dans les principales villes (3). Le 1er septembre 1705, Léopold créait 60 receveurs particuliers ; les deniers domaniaux furent compris dans leur comptabilité ; le texte portait même que ces nouveaux officiers, ayant leur résidence « dans tous les lieux des principaux domaines, pourroient encore dans la suite être employés à la conservation des droits en iceux... ». Mais, dès le 29 août 1718, le Duc instituait deux receveurs généraux des domaines, gabelles et fermes, l'un ancien, l'autre alternatif, pour faire la recette du prix du bail de la Ferme générale et des

(1) Cf. *Archives de Meurthe-et-Moselle*, B. 4.814 et s.

(2) Cf. Rogéville, *Dictionnaire des ordonnances*, II, p. 376.

(3) V. *Recueil des ordon. de Lorraine*, I, p. 40.

autres baux particuliers. L'argent était centralisé dans la caisse du trésorier général (1).

Avec l'administration française, nous avons vu l'édit du 25 septembre 1737 supprimer ce trésorier général. La comptabilité domaniale était à ce moment confiée aux receveurs et contrôleurs généraux des finances qui se contentaient de mentionner sur leurs livres, parmi les autres recettes et dépenses, les différents articles s'y rapportant. L'édit de septembre 1749 inaugura, enfin, pour la comptabilité forestière une organisation nouvelle.

La comptabilité domaniale fut, à la fin de 1750, retirée au personnel de l'administration financière proprement dite et confiée aux deux *receveurs généraux des domaines et bois*, l'un ancien, l'autre alternatif, créés à titre héréditaire, ainsi qu'aux deux contrôleurs généraux. La Province était assimilée au Royaume où ce système était suivi depuis la réorganisation de de 1685. L'édit, d'ailleurs, résumait ainsi les fonctions de ces officiers : « le tout suivant qu'il en est usé dans le Royaume de France... ».

Chaque office de receveur général des domaines et bois fut taxé, par un rôle arrêté au Conseil royal des finances, le 21 mars 1750, à 230.000 liv. tournois. Outre les gages proportionnés à cette finance, 12.916 liv. de Lorraine, le receveur en exercice recevait une taxation fixe de 1.000 liv. et divers autres sols pour livre.

Nous avons étudié tout à l'heure le rôle de ces receveurs et contrôleurs généraux au point de vue de la comptabilité forestière. Il nous reste à parler de leur comptabilité « domaniale », distincte de la première, et à laquelle des registres spéciaux étaient consacrés. Cette comptabilité ne peut se comparer à celle que tenait le receveur général des domaines de 1718 ; celui-ci pouvait porter à son actif le prix de tous les baux du Domaine

(1) *Ibid.*, p. 492 et II, p. 205.

avant d'en verser la somme au trésorier général. Le nouveau receveur, au contraire, n'en touche que ce qui lui est à peu près nécessaire pour subvenir aux dépenses. Dans ces comptes, le chapitre du passif est, de beaucoup, le plus détaillé et comprend différents paragraphes.

1. La conservation des possessions domaniales entraînait, en effet, certains frais, tels ceux des grosses réparations des bâtiments et usines, quelquefois ceux d'entretien. Ces chiffres, on le comprend, sont des plus variables ; soit, par exemple, en 1737, 14.924 liv. ; en 1738, 37.601 liv. ; en 1744, 64.680 liv. ; en 1747, 88.568 liv. ; en 1751, c'est un total de 48.935 liv. ; 103.523 en 1760 ; 105.674 en 1765 (1).

2. Puis viennent les gages du personnel attaché à cette administration domaniale ; ce sont les gages, taxations, remises, épices des receveurs et contrôleurs généraux des domaines ; ceux du procureur général de la Chambre des Comptes : 29.380 liv. pour l'année 1751.

3. Les frais de procédure criminelle, ceux d'exécution, les courses de la maréchaussée, « le pain, gîte et geôlage » des prisonniers, grèvent le budget domanial d'une somme de 30.000 à 40.000 liv. ; 38.554 liv. en 1751.

4. C'est aussi sur les revenus du Domaine que sont payés les appointements du Chancelier, de l'Intendant, des membres des Conseils, des magistrats de la Cour souveraine et des Chambres des Comptes ; les gages des professeurs de l'Université de Pont-à-Mousson. Le Domaine est chargé de l'acquittement des diverses fondations et pensions, en particulier de celles établies par les Ducs et le roi de Pologne. Les rentes anciennes et quelques rentes nouvelles sont assignées sur lui. Les appointements, pensions et gages se montent à 98.478 liv. en 1740 ;

---

(1) Pour tous ces détails, V. *Archives nationales*, KK. 198-199. — *Archives de Meurthe-et-Moselle*, passim et particulièrement B. 1762-1816 ; 12. 447 ; etc.

7

les rentes, à 271.807 liv.; c'est un ensemble de 405.762 liv. en 1751; de 495.616 liv. en 1765.

Du côté de l'actif, le receveur peut porter les *droits casuels*, tels ceux de lods et ventes, d'échange, d'aubaine, de déshérence, de bâtardise, de confiscation, d'amortissement et nouvel acquêt; les droits de souffrance dus pour les fiefs en roture. Mais ces sommes sont remises après un petit prélèvement au fermier du Domaine à qui elles appartiennent.

Pour faire face aux payements qui lui incombent, le receveur des domaines perçoit le prix de quelques petits baux particuliers, les redevances de quelques censitaires. Mais c'est surtout par un prélèvement *ad hoc* sur le prix du bail de la Ferme générale qu'il y subvient. En 1751, le receveur n'a à mentionner comme recette que 1.859 livres sur lesquelles 1.441 reviennent à la Ferme. Cette dernière lui verse au contraire 521.180 liv. Le comptable domanial avait ainsi un maniement de fonds variant entre 500 et 700.000 liv. Il remettait directement l'excédant de la balance au Trésor royal de France : 2.768 liv. pour 1751 ; 2.425 pour 1765.

Tous les cinq ans, les receveurs généraux devaient déposer à la Chambre des Comptes une liste détaillée des biens et droits domaniaux, établie sur des états particuliers fournis par les fermiers. Ils avaient aussi pour mission de vérifier ces états sur les papiers terriers de la Chambre, ceux du Trésor des Chartes, et dans toutes autres archives. Quant au contrôleur général des domaines, sa tâche était limitée à l'enregistrement, jour par jour, sur un registre coté et paraphé par un membre de la Chambre des Comptes, de toutes les quittances d'amortissements, nouveaux acquets, droits de souffrance, etc., ainsi que des « quittances comptables » délivrées par les receveurs généraux aux fermiers du Domaine pour le payement des charges locales.

Lorsque nous aurons ajouté que quelques portions de terrain, quelques usines, étaient l'objet de baux ou d'ascensements spéciaux, nous pourrons dire, d'une façon générale, qu'à partir de 1737 tous les produits du Domaine furent compris dans le bail de la Ferme. L'exception alla du reste en se restreignant de plus en plus. Si, en 1740, nous trouvons encore 7.410 livres comme prix des fermages ou ascensements particuliers n'intéressant point la Compagnie, 8.330 liv. en 1740, ce n'est plus que 418 liv. en 1751, 642 liv. en 1760 et 250 liv. en 1765.

SECTION II. — La Ferme générale.

Tout ce qui concernait les revenus de la Lorraine était jugé à Versailles de trop grande conséquence pour qu'on ne s'y occupât point, dès 1737, de l'importante question de la *Ferme générale* des Duchés. Les modifications apportées sur ce point par l'administration française peuvent se résumer ainsi : réunion effective de la Ferme de Lorraine à celle de France ; adjonction à la Ferme générale des petites Fermes et des parties en régie ; élévation du prix du bail.

Y avait-il un intérêt sérieux — outre l'occasion qui se présentait de contribuer à l'œuvre d'assimilation — à fusionner la Ferme de Lorraine avec celle de France ? Telle fut la question que, dès la prise de possession, le ministère approfondit longuement. Un examen minutieux montra qu'une réforme était urgente. La situation des Duchés par rapport aux Evêchés, à la Franche Comté et à la Champagne avait été jusqu'alors très préjudiciable aux intérêts des fermiers de France. Ceux de Lorraine encourageaient de leur mieux les versements qui s'opéraient incessamment des régions frontières dans le Royaume. La remise de la Ferme ducale aux mains des fermiers français ferait cesser cet état de choses ; le bénéfice des tabacs et de la gabelle augmenterait aussitôt par la consommation plus considérable qui aurait lieu dans les provinces voisines de la Lorraine et du Barrois ; là, en effet, ces produits se vendaient le double plus cher ; de sorte qu'en supposant que, par la suppression des versements, la Ferme de Lorraine diminuât de 300.000 liv., celle de France augmenterait de 600.000, ce qui finalement donnerait un gain supplémentaire de 300.000 livres (1).

Le dernier bail de la Ferme de Lorraine avait été fait le 2 mars 1730, au nom de Pierre Gillet, à dater du 1er janvier suivant, et pour une période de 9 années. En attendre l'expiration sembla trop long. Le 6 septembre 1737, un arrêt du Conseil des finances résilia ce traité, à partir du 1er octobre, pour les 2 ans et 3 mois qui restaient à courir. Cette mesure catégorique suscita les plaintes de la Compagnie à laquelle le Conseil de France dut accorder une indemnité de 300.000 liv. (2). Un nouveau bail fut passé sous le nom de l'adjudicataire Philippe Le Mire, bourgeois de Lunéville. La durée en fut fixée exceptionnellement à 7 ans (3). Cette disposition avait pour but de faire coïncider le renouvellement de ce bail avec celui de la Ferme de France, au 1er octobre 1744. De ce moment, chaque nouveau bail fut de six années et la concordance devint complète. La distinction entre les deux Fermes est désormais toute de nom et de forme. L'adjudicataire spécial, conservé quelque temps, devait être à son tour supprimé ; les fermiers ne préposeront plus pour la passation du traité de Lorraine un homme de paille différent de celui qu'ils font figurer dans le bail de la Ferme de France.

L'institution de la Ferme générale avait été importée en Lorraine au siècle précédent par les agents français, durant l'occupation. Léopold l'avait conservée. Cette Ferme ne comprit dans le début qu'une partie du domaine ainsi que la gabelle ;

(1) *Archives nationales*, K. 1184.

(2) *Archives de Meurthe-et-Moselle*, B. 1763.

(3) *Bail des fermes générales des domaines, gabelles et tabacs de Lorraine et Barrois passé le 7 septembre 1757 à Philippe le Mire, pour sept années à commencer du 1er octobre 1757*. Nancy, 1738, in-8° et in-12. — Cf. aussi les divers autres baux passés jusqu'en 1766, et *Recueil des ordon. de Lorraine*, VI, p. 59 ; etc.

telle nous la voyons en 1698. Le Prince y réunit successivement diverses fermes particulières ; ce fut, par exemple, en
1720, celle des tabacs, la plus productive de toutes. En 1737, il
restait peu de chose à faire pour compléter cette centralisation.
Le fait le plus notable fut la cession aux fermiers généraux de
nombreuses parties du domaine foncier jusque-là en régie.

Pour établir le prix du nouveau bail, on dressa la liste de
tous les articles qu'il devait comprendre ; on fit la somme de
leurs produits évalués par à peu près. Finalement on arriva à ce
résultat :

Domaine et droits domaniaux seigneuriaux (y compris ceux
    réunis) . . . . 808.406 liv. de Lorraine.
Droits domaniaux régaliens. Mar-
    que des fers. Châtrerie. . . 263.000 —
Produit des trois salines de Lor-
    raine, Dieuze, Château-Salins
    et Rosières (dépenses déduites). 1.848.390 —
Tabacs . . . . 270.000 —
Foraine . . . . 120.000 —
Prix du bail des postes et messa-
    geries . . . . 25.833 —

    Soit un total de . . . 3.336.529 liv. de Lorraine.

C'est d'après ces données que le chiffre fut fixé à 3,300.000
liv. par an. Il semble qu'ainsi il n'ait dû rester aux fermiers
que 35.629 liv. pour les frais de régie. Mais nous venons de
voir quel avantage la Compagnie retirait déjà de la réunion des
deux Fermes. Ces calculs d'ailleurs n'étaient que très approxi-
matifs ; l'expérience le montra bientôt. Rien que sur les revenus
du domaine, la Ferme trouva immédiatement une augmentation
de 91.000 liv., et une de 160.000 sur les traités qu'elle passa
pour la vente étrangère des sels, sommes qui sont bien infé-

rieures encore à celles auxquelles elle devait arriver par la suite (1).

Voici, avec le nom des adjudicataires, la série des différents baux sous le règne de Stanislas :

Régime ancien.

1er janvier 1731, résilié le 30 sept. 1737 — Pierre Gillet . . 2.600.000 l.

Régime nouveau.

1er octobre 1737, résilié le 30 sept. 1744 — Philippe Le Mire . 3.300.000 l.
1er octobre 1744   au   30 sept. 1750 — Jean Duménil. . . 3.300.000 l.
1er octobre 1750   —   30 sept. 1756 — Louis Diétrich . . 3.334.500 l.
1er octobre 1756   —   30 sept. 1762 — Jean-Louis Bon-
    nard . . . . 3.334.500 l.
1er octobre 1762   —   (1768)   — Jean-Jacques Pré-
    vôt, adjudicataire de la Ferme de France . . . . 3.389.075 l.

Dans ce tableau, ce qui frappe au premier coup d'œil, c'est une surélévation immédiate de 700.000 liv.; puis une seconde augmentation de 34.500 liv. en 1750; une troisième de 54,575 en 1762. Sur la simple comparaison de ces chiffres, la Chambre des Comptes de Bar établissait que, depuis 1737 jusqu'en 1762, l'administration française avait tiré de la Lorraine, par le moyen de la Ferme générale et au delà de ce que la Province eût fourni sous le système précédent, 19.214.000 liv. (2). Ce raisonnement, il faut l'avouer, est très défectueux. Volontairement ou non, le rédacteur du mémoire oublie que plusieurs biens et droits autrefois objets d'exploitations distinctes ont été compris dans le bail de Le Mire et dans les suivants. Les chaumes et les scieries, il est vrai, en furent en même temps retranchées pour être comprises dans le département des forêts; mais l'article des domaines fut à lui seul complété par des parties d'un produit de 340.000 liv. environ. Ceci restreint

(1) *Archives nationales, Ibid.*
(2) *Ibid.* (Mémoire pour le Barrois).

déjà les affirmations de la Chambre et nous montre que l'augmentation réelle fut beaucoup plus modérée. Les mêmes motifs et les mêmes tendances n'avaient-ils point causé une pareille progression dans les prix des baux de la Ferme passés successivement par les Ducs ? Pour ne prendre comme exemple que le dernier règne, le bail de Bonnedame, en 1720, avait été conclu moyennant 1.300.000 liv. Celui de Gillet, en 1731, pour une somme exactement double. Quant aux 34,500 liv. demandées en surplus aux fermiers généraux, à partir de 1750, elles s'expliquent par différentes petites réunions qui avaient eu lieu dans l'intervalle, et surtout par la restitution à la Ferme de la régie des chaumes des Vosges qui étaient alors d'un important revenu.

Malheureusement la moindre élévation du prix du bail avait un retentissement singulier sur les petites perceptions opérées par les agents subalternes. Elle allait s'aggravant à travers les opérations de toute une hiérarchie de traitants. Ce fut surtout cette ardeur au gain, cette habileté toujours en éveil de chacun des fermiers, sous-fermiers et employés, qui pesa lourdement sur la Lorraine à partir de 1737. Nous aurons l'occasion, en les voyant à l'œuvre, de constater combien ces gens dépassèrent les exigences de leurs devanciers. Eux-mêmes, ils nous déclarent que leurs prédécesseurs ont fait preuve d'une bienveillance et d'une négligence qui les font sourire. Pour tirer jusqu'au dernier denier des objets compris dans son bail, la Ferme de France possédait des moyens d'action que n'avait point eus celle de Lorraine. Pour étendre la portée de ses droits, elle avait la protection tacite et souvent les encouragements des ministres qui ne lui laissaient que trop voir combien on eût craint à Versailles et à Paris de lui déplaire. Les bénéfices réalisés par la Compagnie, enfin, autrefois consommés dans les Duchés, ne devaient plus être d'aucun profit pour le pays d'où ils sortaient aussitôt.

Jusqu'en 1750, le prix intégral du bail fut versé chaque année entre les mains du receveur général des finances, en quatre payements égaux. Après la réforme dans la comptabilité, la Ferme acquitta directement la pension de 2.583.333 liv. que faisait la France au roi de Pologne, ainsi que les rentes que se constituait Stanislas au fur et à mesure des économies qu'il réalisait, et qu'il plaçait sur la caisse du Royaume. Par suite, il ne restait guère que la somme nécessaire pour subvenir aux charges assignées sur le Domaine; elle était remise au receveur des domaines et bois, de trois mois en trois mois, au nom de l'adjudicataire, et finalement le surplus de cette somme était envoyé par la recette générale des domaines et bois au Trésor royal.

Les fermiers généraux de France désignaient toujours un ou deux des leurs pour s'occuper d'une façon spéciale de leurs intérêts dans la province. Ces délégués y faisaient de longs séjours, entretenaient une correspondance suivie sur cet objet et prenaient le titre de « fermiers généraux de Lorraine ». Parmi eux, nous avons surtout à nommer Dupin, Jean-François de la Borde, puis de Verdun et Alliot. En 1745, Helvétius était en cette qualité en tournée dans les Duchés (1). Le personnel supérieur préposé par les fermiers varia souvent d'importance de 1737 à 1766. Au complet, il se composait : d'un directeur des domaines et droits domaniaux ; d'un directeur de la gabelle ; d'un directeur de la régie des tabacs et des brigades ; d'un directeur des péages et de la Foraine. Puis venaient un caissier général et un agent principal. Le Conseil de la Ferme se réunissait tous les quinze jours (2).

Un instant à Lunéville, la direction fut bientôt transportée à Nancy. En octobre 1756, elle fut finalement installée dans un somptueux hôtel qu'à l'instigation de Stanislas, le fermier général de la Borde avait fait construire sur la place Royale pour le compte de la Compagnie, et qui est aujourd'hui

(1) Cf. Durival, *Description de la Lorraine...*, I, p. 189.
(2) Documents divers et en particulier la série des *Almanachs royaux*.

l'évêché (1). Que dire des multiples agents secondaires : directeurs, receveurs des bureaux particuliers ; des contrôleurs et receveurs ambulants, des procureurs spéciaux, des inspecteurs, chargés, pour la sauvegarde des droits de la Ferme, de visiter, non seulement ses bureaux, mais aussi les greffes et les études d'instrumentaires ; agents actifs qui, pour exercer leurs fonctions, devaient au préalable faire enregistrer leur brevet à la Chambre des Comptes ? C'était encore, en sous ordre, de petits employés, de simples commis, des hommes de brigade, dont le nombre était immense et qui étaient disséminés sur tous les points de la Province. Nous ferons plus ample connaissance avec eux dans la suite de cette étude ; leur histoire est étroitement liée à celle des droits et impôts indirects tirés de la Lorraine depuis 1737. Si, parfois, dans la nomenclature que nous allons donner, il semble que la Ferme n'intervienne plus, ce n'est qu'une apparence ; il est des droits dont la Ferme n'a point l'exploitation, mais dont, cependant, elle peut toucher le prix du bail ; il est des parties nouvelles en régie ; mais, pour cette régie, la Ferme doit prêter ses employés ; dans tous les cas, les fermiers généraux sont intéressés secrètement aux opérations des compagnies particulières qu'ils soutiennent de leurs fonds.

(1) V. Meaume, *L'hôtel des fermes à Nancy* (*Mémoires de la Société d'Archéologie lorraine*, 1885).

CHAPITRE II

LE DOMAINE FONCIER ET LES DROITS DOMANIAUX SEIGNEURIAUX.

Le sol domanial lorrain peut être évalué à l'époque qui nous occupe à environ le sixième du territoire des Duchés. Dans peu de provinces, la domanialité foncière atteignait cette proportion. Parcelle par parcelle, avec une persévérance jalouse, les Ducs avaient formé et incessamment agrandi leur riche héritage. Les calamités qui désolèrent le pays au xviie siècle avaient même accru ces possessions. Léopold, en effet, put opérer, par droit de déshérence, de multiples réunions dans un Etat que la guerre et la misère avaient dépeuplé. Il est vrai qu'en même temps, le Prince entamait amplement son patrimoine par des aliénations et des largesses qui tinrent souvent de la prodigalité. Mais, après sa mort, la Régente et son fils, d'esprit plus positif, revendiquèrent le principe de l'inaliénabilité des biens de la couronne. Nombre de vassaux jouissaient de propriétés ducales comme des leurs propres. François déclara qu'une privation plus longue de ces biens le mettrait hors d'état de satisfaire aux charges que la justice et l'honneur réclamaient de lui. L'édit du 14 juillet 1729 révoqua toutes les aliénations de terres, seigneuries, droits divers, faites depuis 1697 ; ces biens furent de nouveau incorporés à la couronne (1). L'administration française trouva ainsi, en 1737, le domaine lorrain dans sa belle intégrité.

L'ensemble de ce domaine que nous pourrions, à la suite de

____

(1) *Recueil des ordon. de Lorraine*, V, p. 14.

quelques légistes, apppeler *domaine corporel*, comporte, au point de vue de ses différents caractères et des ressources qu'il procurait au Trésor, plusieurs grandes divisions.

A la rigueur, il faudrait mentionner :

A. — Le *domaine improductif* qui comprenait, avec ce qu'on est aujourd'hui convenu de nommer le « domaine public de l'Etat », un certain nombre d'édifices et de terrains affectés à des services d'intérêt général ainsi que des portions du sol domanial qui, pour une cause ou une autre, n'étaient point exploitées.

B. — Le *domaine forestier*, d'une étendue d'environ 550.000 arpents — et auquel furent jointes les scieries en 1737 et les chaumes de 1737 à 1750 — devrait aussi, par essence, occuper une place prépondérante dans cette nomenclature ; mais, détachées du reste du domaine pour être l'objet d'une administration et d'une comptabilité distinctes, les forêts n'étaient pas censées faire partie de ce que, dans le langage courant et fiscal, on entendait par domaine.

Etaient, au contraire, toujours classés parmi les éléments du domaine lorrain, et, seuls compris, mais au premier rang, dans le bail de la Ferme générale :

C. — Les *usines domaniales*, objets de baux ou d'ascensements temporaires moyennant un canon payable en argent.

D. — Le *domaine engagé* ou *ascensé*, objet de champarts, rentes, directes censuelles et autres redevances foncières.

E. — Les *seigneuries domaniales* d'où découlaient de nombreux droits de nature féodale.

SECTION I. — Le domaine foncier.

1° Les *usines domaniales*. — Sous le nom d'usines, plus exactement « *usuines* », on désignait alors dans les Duchés, non seulement les exploitations industrielles ou agricoles relevant du Domaine, mais toutes les portions foncières de ce Domaine susceptibles de revenus variables et, à cet effet, affermées ou ascensées pour un canon plus ou moins proportionné à leur valeur. Une partie de cours d'eau domanial, affermé en vue de la pêche, est, dans ce sens, une « usine » au même titre qu'une verrerie ou qu'une forge. L'ascensement, par opposition au bail à ferme ordinaire, indiquait, par la modicité du prix, une faveur du souverain à un particulier ou un encouragement de l'administration pour quelque branche d'industrie. Les usines se distinguaient généralement de la façon suivante :

a) Bâtiments domaniaux. — C'était tout d'abord quelques édifices, des maisons d'habitation, des granges, des hangars, loués par la Ferme à des communautés ou à des sujets ; mais surtout : des moulins, des fours, des pressoirs. La Ferme générale disposait de moulins à eau et de quelques moulins à vent dans plus de 400 localités de la Lorraine et du Barrois. Elle avait les fours banaux d'environ 80 communes ; les pressoirs de plus de 60 villes et villages : tels les 5 pressoirs de Neufchâteau ou les 19 de Bar. La Compagnie exploitait plusieurs ponts domaniaux en y percevant des péages (1).

b) Exploitations agricoles et autres. — En plus de divers terrains destinés à la culture, la Ferme générale comptait dans son bail une trentaine de censes et de vastes marcairies. La cense de Saint-Charles, près de Nancy, atteignit un loyer de 4.386 livres.

Nous savons que les *chaumes* avaient été retirées à la Ferme dans l'intérêt de la réformation des bois ; ce fut l'intérêt des fermiers qui fit reprendre, en 1750, l'ancien système, afin que l'adjudicataire pût être assuré, comme le porte un arrêt postérieur, « de la consommation du sel qui entre dans la fabrication des fromages ».

Les *ruisseaux, rivières* et surtout les *étangs* étaient d'un

(1) Comme sources, indiquons, une fois pour toutes : *Archives de Meurthe-et-Moselle,* Séries B et C, passim, et plus particulièrement les divers *pieds terriers généraux des domaines* (B. 11.745 — 11.755) ; — *Archives communales* de diverses localités ; etc.

revenu peu négligeable. On voyait alors sur le territoire de la Province un peu plus de 110 étangs domaniaux. Les baux des 96 sous-fermés formaient à eux seuls un total de 76.000 livres.

c) Usines proprement dites. — Au troisième groupe correspondent, enfin, les usines proprement dites, c'est-à-dire, entendues dans le sens plus restreint que nous donnons aujourd'hui à ce terme : les *exploitations industrielles*. Appartenaient au Domaine, des *scies* qui n'étaient point confiées à la gestion des maîtrises, des *foulants*, des tuileries, des huileries, etc. Puis des usines plus importantes, comme des verreries, des papeteries, des forges, sous-fermées ou souvent cédées à des entrepreneurs et manufacturiers pour un cens modique qui revenait à la Ferme.

En 1766 le produit de toutes ces usines pouvait être évalué à 530.000 liv. ; 425.800 pour les sous-fermages et 104.100 pour les ascensements.

Les grosses réparations étaient à la charge du roi, la Ferme ne subvenant qu'aux frais de l'entretien et des menus travaux. Un *inspecteur général des bâtiments et usines du domaine de Lorraine et Barrois* en avait la surveillance : il dressait les devis, faisait les visites nécessaires et une tournée complète au moins une fois chaque année. Ce fonctionnaire, aux gages de 1.500, plus tard de 2.500 liv., était secondé par les sous-ingénieurs et inspecteurs des ponts et chaussées qui tenaient lieu d'inspecteurs particuliers dans leurs arrondissements respectifs.

Les sources salées et le matériel servant à la fabrication du sel, les premières usines de Lorraine incontestablement, ne rentrent point dans ce que nous venons de dire. L'importance des salines exigeait qu'elles eussent leurs inspecteurs et architectes spéciaux ; leur revenu dépassait de beaucoup la somme de ceux de toutes les autres usines.

Les mines qui, au sens rigoureux du terme, étaient aussi des usines domaniales, n'étaient point comprises, par exception, dans le bail de la Ferme générale. Elles étaient cédées par le souverain à des compagnies particulières moyennant un prélèvement annuel sur leurs produits. Mais, par suite de diverses circonstances, et pour l'encouragement de cette industrie, les « entrepreneurs » des mines furent généralement dispensés sous Stanislas du payement de tout droit. Aussi, cette partie ayant été, durant notre période, d'un revenu négligeable pour le Trésor, ne nous occupera-t-elle point ici.

2° *Domaine engagé.* — *Censives domaniales.* — C'est par centaines que l'on pourrait compter les parcelles de terres, prés, vignes, les portions de cours d'eau engagées ou concédées antérieurement à 1697, qui continuaient de rapporter à la Ferme des champarts ou terrages : réseaux de blé, « fourches de foin, bichets combles d'avoine », etc. ; des rentes en deniers et autres redevances foncières. Plus nombreuses encore celles grevées, en vertu de la directe censuelle, de diverses prestations en nature : chapons, gélines, poivre, lin, cire, etc. Les mutations entre vifs de ces héritages donnaient lieu aussi, au profit de la Ferme, à la perception des droits de lods et ventes.

SECTION II. — **Les droits domaniaux seigneuriaux.**

Substitué aux Ducs, le roi de France se trouvait, en 1737, seigneur d'une bonne partie du territoire lorrain. Des prévôtés entières relevaient de sa haute, moyenne et basse justice. La Ferme avait, par cela même, la jouissance d'une si grande quantité de droits seigneuriaux qu'une classification méthodique en serait difficile et une énumération complète impossible. Nous nous contenterons de donner une idée de cette diversité qui permettait aux fermiers de se dresser en tous lieux et en tous moments devant l'habitant de la Province pour lui demander quelque rétribution et prélever leur part sur ses plus petits profits.

a) Voici tout d'abord la *taille seigneuriale*, les *corvées* et les *dîmes*. A Saint-Agnant, la taille seigneuriale se nomme *grosse taille* et est « fixée et abonnée » à 240 francs (1). Dans la prévôté de Château-Salins, il faut distinguer la taille de Pâques et celle de la Saint-Remy. La Ferme est décimateur en maints endroits, soit des grosses, soit des menues dîmes ; elle retient, par exemple, le douzième des pâtes qui se cuisent au four d'Ancerville. Ici, elle commande la corvée en nature ; là, elle l'exige en « argent de rachat ». C'est pour elle, et par corvées, que les gens de Lindres ou ceux d'Assénoncourt sont obligés de conduire l'alevin aux bassins d'alevinage et d'aller rechercher les jeunes carpes pour entretenir les grands étangs.

b) Les *droits de bourgeoisie* et autres *redevances sur les conduits* ont des dénominations très variables : à Crévèchamps, chaque conduit doit 3 gros dits *droit de feu* ; à Théding, deux *poules de feu* : à Glonville « une poule, deux poulets et deux gros d'argent ». Ailleurs, c'est le *droit de cheminée* : à Mousson, le droit de bourgeoisie, qui se paye un gros par tête.

c) *Droits sur les nouveaux entrants*. — A Nancy, la Ferme prélève un tiers du droit appelé aussi *droit de bourgeoisie*, soit 20 livres sur toute personne non noble ou privilégiée qui vient s'établir dans la ville ou les faubourgs. Les nouveaux entrants lui doivent 2 fr. 6 gr. à Bruyères, 6 fr. à Crévèchamps, 10 fr. à Amance ou à Pont-à-Mousson. A Mousson, c'est le *droit de bienvenue* fixé à 5 fr.

d) Le *droit de revêture*, en argent ou en pots de vin, est dû par ceux qui héritent de biens immeubles ou en achètent.

e) Il est au profit de la Ferme des *droits sur les bestiaux* comme sur les gens. Ici, c'est le droit de troupeau à part : Apremont, Pont-à-Mousson ; à Château-Salins, le *droit de marcairerie et de bergerie*. Là, le *droit de bête tirante* ou celui de

***

(1) Sept *francs*, ou mieux *francs barrois*, valaient exactement trois livres ; le franc se divisait en 12 *gros*.

vache : ou bien encore comme à Abbéville et dans le Toulois : les *poules d'assises.*

f) Droits sur les métiers. — A Pont-à-Mousson quiconque se fait recevoir maître paye un *droit de han* à la Ferme, depuis les bouchers qui ne lui doivent que 9 francs, jusqu'aux tanneurs qui sont taxés à 25 francs. Dans la même ville, il faut distinguer le *droit d'enseigne* qui est de 10 francs de celui de *bouchon* qui est de 5 francs et de celui de *rôtisserie* qui ne produit qu'un franc. Le *droit de taverne* ou de *cabartage* est de 5 francs à Mousson ; du double à Bruyères ou à St-Agnant ; à Crévèchamps « quiconque met nappe » doit également 10 francs. Vézelize connaît les *droits de boucherie et de tuerie ;* dans une partie de la prévôté de Badonviller, le droit de jouer de la musique se paye 10 francs par instrument.

Les petits commerçants, les laboureurs qui vont au marché voisin, sont souvent mis à contribution, — nous ne parlons pas ici des deniers de la Foraine ou de ceux des octrois municipaux. Peut-être sur leur route ont-ils eu quelques ponts à franchir. C'est alors :

g) Le droit de passage. — Tout char traversant la Moselle à Pont-à-Mousson doit 3 gros, et toute charrette, moitié.

Il leur en coûtera, sans doute, aussi quelque menue monnaie avant de s'installer sur la place publique, en raison des :

h) Droits d'étalage et droits sur les foires. — Dans certaines localités chaque pièce de bétail introduite doit en arrivant le *pied-fourché.* A la foire de Vézelize un tarif détaillé prévoit ce qui sera perçu sur tous les objets, depuis la tonne de harengs jusqu'à la « paire de chaussettes à l'usage de femmes », la serpe, le cuveau, le peloton de fil. La Ferme n'aurait garde de ne point aussi prélever quelques poignées de leurs grains ou de leurs légumes, par suite du *droit de coupel* ou *coupillon :* elle en prendra le quarantième à Lunéville, à Dieuze, à St-Dié ; le trente-deuxième à Charmes. A ce vigneron, elle demandera une chopine par tonneau de vin. J'oubliais le *droit de caphouse* se décomposant lui-même en *droit de dépôt* des marchandises et en *droit de poids* ; la Ferme le perçoit dans les principales villes : à Lunéville, à Vézelize, à Ste-Marie-aux-Mines, etc.

i) Les *monopoles seigneuriaux*, d'un faible rapport pour la Ferme, causent cependant bien des ennuis. Dans chaque localité relevant du Domaine tous les vins et liqueurs vendus, en gros ou en détail, sur les foires ou dans les maisons, doivent avoir été mesurés exclusivement par le *jaugeur domanial*, moyennant 2 sols par pièce. A Pont-à-Mousson, avant de rentrer son bois de chauffage, il faut aller prévenir le *cordeur domanial* à qui on donnera 6 gros par corde. Les gens de Munster sont censés balayer leurs cheminées quatre fois par an ; les habitants doivent à cet effet 10 sous par cheminée, à la Ferme, pour *droit de ramonage*. Mais arrêtons-nous là ; laissons de côté les redevances dites de la *faux*, du *puisage*, des *brindilles*, etc ; tout ce qui se perçoit encore sous tant d'autres noms dans toute la Province.

Il n'est pas de trop petit profit pour la Ferme ; c'est elle qui à St-Dié fait payer la permission de lever les guenilles ; elle y demande, le mardi gras, à chaque boucher, une livre de la viande qu'il vient de tuer, et au corps des merciers une livre de poivre par an. A Bruyères, où elle est amodiatrice des foires, les pêcheurs lui apportent tous les vendredis « une pinte de truites et poissons gentils ». La commune de Plombières lui doit une livre de cire pour cause de garde. La veille de Noël, les propriétaires de chevaux de St-Agnant lui donnent chacun une bûche ; le lendemain de cette fête, ce sont les habitants de Bisten qui lui apportent un porc d'un an appelé *bruling* ; à Pâques, le maire de Coume lui sera redevable d'un cabri et d'un cent d'œufs ; à la Quasimodo, les laboureurs d'Apremont mettront de côté, à son intention, 600 paisseaux propres à la vigne. Dans l'office de Bouzonville, elle ne dédaignera point les 3 francs d'argent qu'elle reçoit parfois pour le « *porc du marié* ».

A Crévèchamps, la Ferme prend le tiers des émoluments communaux ; plus loin, elle installe le maire, le greffier et le sergent. A Heckling, elle peut compter, entre autres redevances annuelles, sur 96 chapons, 52 poules, 3 livres de poivre et un *schafftgueldt* de 9 francs barrois ; à Munster, au *schafftgueldt* s'ajoute le *frohngueldt*.

Bref, toutes les anciennes tailles et prestations seigneuriales, que, peu à peu, les Ducs, par acquisition, déshérence, confiscation, réunions arbitraires, avaient rattachées à leur Domaine — beaucoup aux noms étranges et aux formes surannées, ayant conservé pour la plupart leur ancien mode de perception, leurs échéances à date fatidique, et souvent ayant perdu toute signification — répondent ainsi à l'appel. En plusieurs endroits où se dressaient d'antiques châteaux, totalement ruinés, les habitants connaissent encore les droits de guet, de curage des fossés. Le manoir de Mousson est démantelé depuis 1636 et n'est plus, selon l'expression des registres du Domaine, qu'une masure ; le bourg payera encore à la mort de Stanislas 5 francs barrois comme droit de guet.

Bien fastidieux serait l'amusement consistant à additionner toutes les têtes de volailles : chapons, gélines, oies, toutes les douzaines d'œufs, toutes les livres de lin (prévôté de Châtel), de cire, de poivre, que la Lorraine payait encore telles quelles en ce milieu du XVIIIe siècle ; le résultat toutefois ne serait pas sans réserver quelque surprise.

La Ferme générale jouissait encore de divers « *droits seigneuriaux casuels* » qui tendaient de plus en plus à prendre l'extension de véritables droits régaliens : épaves, amendes — principalement celles pour mésus champêtres — confiscations, déshérences, aubaines, bâtardises. Elle poursuivait le recouvrement des meubles qui, dès lors, lui appartenaient en toute propriété et avait la jouissance des immeubles. En retour, elle subvenait aux frais de desserte de quelques églises (portions congrues, livres, ornements) dont pouvait être chargé le Domaine; elle avait l'entretien et la nourriture des bâtards et enfants trouvés, jusqu'à l'âge de 10 ans inclusivement, à l'exception de ceux de la ville de Nancy.

Pour dresser, en 1742, le pied-terrier du domaine de Lorraine et Barrois, il ne fallut pas moins de quatre gros et pesants in-folios d'un total de plus de 3.200 feuillets. La seule énumération des usines domaniales comprenait, en 1706, 918 articles. Dans les 3.300.000 liv., prix du bail de la Ferme, cet ensemble était évalué à 808.406 liv. ; mais son produit réel était bien supérieur ; « ... vos domaines, sire, » disait la Chambre des Comptes dans ses remontrances de 1761, « sont confondus et laissés avec les autres droits et objets de la Ferme générale..... Cette seule partie est sous-fermée pour une somme de 902.429 liv. 3 s. 4 d. ; savoir 618.050 liv. pour ce qui est en Lorraine, 231.279 liv. 3 s. 4 d. pour le Barrois mouvant et non mouvant, et 53.100 liv. pour ce qui est mi-parti. Le bénéfice des sous-fermiers, sur le pied d'un dixième à peu près, peut porter cet objet à 1.100.000 liv. de revenu effectif... » (1).

SECTION III. — Les sous-fermiers du domaine.

On pense bien que, pour l'exploitation d'une telle somme de biens et de redevances, la Ferme avait besoin d'auxiliaires allant se subdivisant à l'infini. Les fermiers généraux sous-fermaient tout d'abord à une Compagnie dont le représentant s'intitulait : *fermier des domaines de Lorraine et Barrois*, et qui avait aussi la gabelle. Le fermier des domaines passait lui-même un certain nombre de baux généraux à d'autres sous-fermiers, et ainsi de suite. Sous le bail de Prévôt, ces sous-fermes au deuxième degré correspondent, au point de vue du territoire, à 7 grandes divisions : sous-fermes de Nancy, de la Voivre, du Barrois, de la Vôge, du Bassigny, de la grande et de la petite Lorraine allemande, comprenant à leur tour : 64, 96, 120, 59,

(1) *Très humbles et très respectueuses Remontrances que présentent au Roy... les gens tenans sa Chambre des Comptes de Lorraine.* 21 janvier 1761. j. cit.

195, 49 arrière sous-fermes qui, elles aussi, donnaient naissance à des baux d'un ordre inférieur. C'est ainsi que dans la sous-ferme de Nancy, le sous-fermier de Lunéville commet dans cette localité un fermier des droits de vente et de poids, un fermier du droit de jauge, un fermier du droit de coupel, un autre du droit de passage, etc. (1).

Dans ce fractionnement continuel des droits des spéculateurs où il s'agit pour les uns d'affermer le plus haut possible et pour les autres de dépasser de beaucoup le prix du traité, c'est à qui se montrera et le plus clairvoyant et le plus impitoyable. De 1737 à 1766, ce fut, sur le pays lorrain, sous la haute protection de l'administration française, une véritable curée de ces traitants au petit pied : leur avidité ne recule devant aucun effort ou aucune impudeur.

Par les soins de l'Intendant, le Conseil des finances ordonne à plusieurs reprises la représentation des titres d'ascensement dans un court délai, sous peine de réunion. Or, il y a toujours quelque censitaire manquant à l'appel, et la Ferme est là pour pousser le Conseil à se montrer inflexible. Le domaine s'enrichit de diverses réunions importantes, telles, en janvier 1752, celle du droit de jauge et de la moitié du droit de nouveaux entrants à Rosières, ou celle, en août 1755, des halles de Vézelize. Mais ce n'est point suffisant. Une prime est accordée au zèle infatigable des fermiers. Ceux d'entre eux qui parviennent à joindre au domaine quelque bien ou droit, soit usurpé, soit négligé, jouissent de la moitié du produit pendant les trois années qui suivent l'expiration de leur bail. Ils ont accès dans les archives ; ils y opèrent de longues recherches ayant pour résultat la résurrection d'une quantité de prestations tombées dans l'oubli. Les pieds terriers s'augmentent ainsi incessamment de nouveaux articles, et des localités libres, depuis près d'un siècle, de charges fastidieuses s'y voient de

____

(1) *Archives de Meurthe-et-Moselle*, Série B. passim.

nouveau assujetties. Nous ne voulons pour exemple que ce qui arriva à Lunéville. Les fermiers ont exhumé un titre de Charles III, de janvier 1574, établissant dans cette ville le droit de vente ; un autre organisant le droit de poids. Les derniers fermiers lorrains ne percevaient plus ces droits. L'arrêt du Conseil, du 5 septembre 1752, restaure l'ancien état de choses ; une caphouse est reconstruite : c'est là exclusivement que les marchands forains déposeront leurs marchandises, moyennant le droit de garde, et les feront peser. Ici aussi, tout habitant devra se rendre pour les pesées supérieures à 25 livres. **Dans tous les cas**, il est défendu aux possesseurs de balances et de poids de prêter ces instruments, fût-ce pour la plus légère évaluation, car ce serait léser les intérêts du fermier. Grace à une autre ancienne ordonnance, le droit de passage est à son tour remis en vigueur ; il en est de même pour le droit de péage et port sur le pont de Viller ; un tarif minutieux a de plus fixé les redevances sur la plupart des marchandises se vendant dans la cité. Le droit de coupelle, enfin, était devenu très minime à Lunéville : on le régularise et on en étend la portée ; au point de vue de ses franchises, la résidence ducale recule de près de cent ans en arrière. C'est l'histoire de Saint-Dié, de Dieuze, de Vézelize, de Blâmont, de Sainte-Marie-aux-Mines, de nombreuses communautés qui refont connaissance avec des vexations qu'elles croyaient à jamais abolies. En 1754, le fermier du droit de poids à Mirecourt, engage une lutte violente avec le corps des marchands et les officiers de l'hôtel de ville ; il veut que l'arrêt rendu en faveur de son collègue de Lunéville lui soit commun ; il triomphe après une instance qui dure plus de trois ans. En 1758, le fermier de Blâmont invoque le même précédent ; il l'emporte à son tour ; d'autres ne tardent pas à les imiter. Il est d'ailleurs un moyen infaillible pour réussir : un traitant sous-ferme à un autre quelque vieux droit tombé en désuétude ; le compère s'intitule fermier de ce droit, puis semble très étonné de n'en plus trouver trace ; il le revendique à grands cris et le tour est joué !

C'est aussi à qui des fermiers disputera aux villes leurs droits d'octroi : les difficultés au sujet des droits de passage et de menue vente payés aux portes de Nancy durent plus de huit années. Ce sont les mêmes procès sans fin avec les seigneurs, les censitaires ; beaucoup sont condamnés à se désister ou à payer davantage. Le Conseil des finances donne presque toujours raison aux fermiers ; plusieurs arrêts très justes de la Chambre des Comptes sont successivement annulés en leur faveur (1). La Cour Souveraine met « au nombre des contributions les plus pesantes celles qui dérivent de l'extension des droits accordés aux traitants » (2).

(1) *Ibid.* Cf. aussi *Recueil des ordon. de Lorraine*, VII et IX, passim. — *Ms. 589, I-IV de la Bibliothèque de Nancy.*

(2) *Eclaircissemens sur les Remontrances de la Cour Souveraine de Lorraine et Barrois du 14 décembre 1757. 4 février 1758 ; in-4° de 18 p.*

CHAPITRE III

LES DROITS DOMANIAUX RÉGALIENS

Les divers droits rentrant dans cette catégorie étaient connus dans les Duchés bien avant 1737. Plusieurs étaient analogues, sinon identiques, à ceux perçus dans le Royaume. Comme le régime français n'y apporta que peu de modifications, et que, d'ailleurs, un examen détaillé de chacun d'eux nécessiterait des développements trop spéciaux, nous serons brefs à leur sujet.

I. *Droit de petit sceau et de tabellionage.* — Ce droit est assurément le plus ancien de tous. La Ferme générale de France se le réserva en majeure partie pour en faire l'objet d'une régie particulière ; mais il est à noter qu'elle le comprit dans les baux des sous-fermiers des domaines là où il pouvait être considéré comme un attribut de la haute-justice royale, c'est-à-dire dans les seigneuries en faveur desquelles les ducs l'avaient autrefois concédé ou aliéné, et que depuis, leurs successeurs avaient réuni au Domaine. A l'égard des quelques hautes-justices particulières dont les propriétaires jouissaient encore du droit de sceau et de tabellionage, la Ferme n'admit plus, après 1737, que ces derniers pussent revendiquer leurs privilèges pour les actes les intéressant personnellement ; elle les força à passer désormais par ses bureaux. Le droit simple était fixé à tant pour telle ou telle espèce d'acte ; le droit réel, au contraire, était exigé proportionnellement aux sommes stipulées dans le contrat. Dans la Lorraine propre, tout tabellion dut, à partir de 1739, remettre chaque trois mois aux employés de la Ferme, sous peine de 100 livres d'amende, les grosses expédiées sur parchemin des contrats réels et perpétuels qu'il recevaient ; dans le Barrois, ce fut tous les deux mois que copies en forme de ces mêmes contrats durent être présentées pour être « tabellionnées et scellées » (1). Les difficultés sur le droit de sceau se portaient à la Chambre des Comptes.

2. *Formules (papiers et parchemins timbrés).* — L'administration française avait introduit les formules dans les Duchés pendant l'occupation. Léopold les conserva et même les augmenta quelque peu (2). Fabriqué et vendu exclusivement par la Ferme, le papier timbré coûtait, suivant le format, de 3 s. 9 d., à 1 s. 10 d. ; les feuilles les plus couramment employées étaient de 2 s. 9 d. ; le parchemin timbré valait dans les bureaux de distribution de 1 liv. 10 s. 6 d. à 7 s. 9 d. Le timbre frappait les actes judiciaires, les actes notariés, divers registres — notamment ceux des maîtres de forges — les affiches, les placards et quantité d'autres pièces.

3. *Droits de contrôle.* — Il faut distinguer le contrôle des exploits et celui des actes des notaires.

a) Contrôle des exploits. — Il existait à l'arrivée de Léopold qui en fixa le droit à 7 sols par exploit (3). Tout exploit d'assignation, saisie, etc. doit être présenté par l'huissier dans les 3 jours au bureau du contrôle, ce qui prévient les fraudes et les antidates.

b) Contrôle des actes des notaires, etc. — Ce contrôle qui devait offrir les mêmes avantages, ne fut institué que postérieurement. A partir du 1er janvier 1719, tous notaires et tabellions, même ceux des seigneurs et particuliers, eurent à faire contrôler leurs actes qui, sans cette formalité, ne portaient ni privi-

---

(1) Arrêt du Conseil royal des finances du 4 septembre 1730 (*Ms. 591 de la Bibliothèque de Nancy*).

(2) *Recueil des ordon. de Lorraine*, II, p. 451.

(3) *Ibid.*

lège ni hypothèque (1). Le délai était de huit jours. Les actes à cause de mort étaient contrôlés au décès du testateur. Ceux sous-seing privé devaient, de même, payer le droit, afin que l'on pût en requérir judiciairement l'exécution : toutes choses qui évoquent l'idée de notre enregistrement. Ces droits de contrôle étaient perçus suivant un tarif et variaient de 5 sols 6 d. (pour un bail à temps d'un canon maximum de 100 livres) à 6 liv. 12 s. — pour une substitution ou une donation mutuelle, par exemple.

4. Droits d'amortissement et de nouvel acquêt. — Les gens de main morte ne pouvaient posséder en Lorraine aucun héritage ou droit immobilier sans avoir, sous peine de réunion au Domaine, obtenu des lettres d'amortissement et acquitté un droit. Malgré différentes ordonnances, la réglementation de l'amortissement présentait bien des points obscurs. Une importante déclaration, signée par Stanislas, vint, le 12 juin 1758, fixer la jurisprudence et arrêter de nombreuses contestations (2). Les hopitaux, maisons de charité et établissements d'utilité publique furent exemptés de la finance. Les droits d'amortissement se montaient :

Pour les fiefs relevant immédiatement du Domaine, au tiers de la valeur du fonds ;

Pour les biens roturiers de même mouvance ainsi que pour les arrière-fiefs, au cinquième ; pour les biens en roture, libres de toute domanialité, au sixième.

Le droit de nouvel acquêt était taxé au vingtième du revenu d'une année.

Malgré les amortissements gratuits, la Ferme trouvait encore dans cette institution un bénéfice assez considérable ; de 1737 à 1759, les acquisitions déclarées par les gens de main morte

(1) Cf. Edit portant établissement du contrôle des actes,... du 1 novembre 1718 (*Ibid.*, II, p. 228 ; p. 454 ; etc.).

(2) *Recueil des ordon. de Lorraine*, IX, p. 405.

atteignirent une somme de 3.542.547 liv. (1). La Ferme opérait le recouvrement sur les quittances du receveur général des domaines, contrôlées par le contrôleur général. Ces officiers percevaient à cet effet un supplément de 2 sols pour livre.

Les contestations qui pouvaient survenir dans l'exécution des rôles d'amortissement étaient portées directement au Conseil pour être jugées sommairement.

5. *Droit de souffrance.* — Les lettres de souffrance, autorisation pour un roturier de posséder un fief sa vie durant, donnaient de même lieu à la perception d'un droit, au profit de la Ferme et par l'entremise du receveur général des domaines. Le produit des lettres de souffrance fut en 1751, par exemple, de 1.441 livres (2).

6. *Droit de présentation des demandeurs et défendeurs.* — Par édit du 11 décembre 1718, Léopold avait supprimé une catégorie d'officiers particulièrement odieux : les procureurs. Mais, tandis que le Duc simplifiait ainsi la procédure, d'autre part, par une contradiction singulière, il y ajoutait une nouvelle formalité. Les plaideurs, pour que leur cause pût être appelée durent, au préalable, se faire inscrire, avec désignation de leurs avocats à un greffe spécial et y acquitter un droit, dit de présentation. Quelle que soit la juridiction à laquelle la partie s'adresse, elle est contrainte de passer devant le greffier préposé par la Ferme. La présentation coûte 2 fr. 6 gros aux bureaux installés près des Cours souveraines; 1 fr. 6 gr. à ceux des bailliages, des sièges de maîtrise, etc; 1 franc, enfin, pour les justices inférieures et les prévôtés particulières (3). Il faut ajouter le prix du papier timbré de l'expédition.

Deux incidents de procédure permettaient aux mêmes employés de la Ferme d'exiger encore les deux droits suivants :

(1) *Très humbles et très respectueuses remontrances...* du 21 janvier 1761 j. cit.

(2) *Archives de Meurthe-et-Moselle*, B. 1770.

(3) *Recueil des ordon. de Lorraine*, II, p. 283 ; etc.

7. *Droit de déclaration et de diminution de dépens.* — La moitié de la façon des déclarations et diminutions de dépens revenait au Domaine depuis 1718. Aucune formule exécutoire ne peut être délivrée que sur le vu de la quittance de ce droit, quittance qui, de plus, est soumise au droit de contrôle (1).

8. *Droit d'affirmation de voyage.* — L'affirmation de voyage est la déclaration faite au greffe par le plaideur à l'effet d'obtenir le remboursement de ses frais de voyage après le gain de son procès. Le juge, à quelque juridiction qu'il appartienne, ne peut, à peine de 500 livres d'amende, donner à la partie requérante acte de son voyage sans que le droit d'affirmation ait été versé entre les mains du greffier de la Ferme qui reçoit 30 sols près des Cours supérieures et moitié près de tout autre tribunal.

Le recouvrement de tous ces droits était difficile et d'une régie minutieuse ; aussi les derniers fermiers l'avaient-ils beaucoup négligé, ne disposant que d'un personnel insuffisant. Certains droits étaient même tombés en désuétude. La Ferme de France modifia aussitôt l'état de choses ; elle exhuma les vieilles ordonnances et obtint du Conseil de nouveaux règlements. Les bureaux et les greffes furent multipliés ; là, tout un monde de commis fut maintenu en haleine par les contrôleurs ambulants. Les visites et les perquisitions mirent chacun en garde ; on usa de recherches incessantes dans les études d'instrumentaires et les dépôts publics, les minutes de notaires furent collationnées avec les registres du contrôle ; la négligence du juge fut épiée tout comme celle de l'huissier ; par d'habiles interprétations des articles, on parvint enfin à donner à la perception des anciens droits une extension tout à fait nouvelle. Déjà la Chambre des Comptes le constate dans ses remontrances de 1740 ; en janvier 1750, la Cour Souveraine se plaint de la recherche que font les fermiers « des droits d'amortissemens négligés ou peut-être remis sous les règnes précédents.. » ; elle ne cesse de

(1) *Ibid.*

déplorer « la fécondité du génie de la Finance », l'aggravation des droits de sceau, de contrôle, de présentation.

C'est encore, en 1758, la Chambre des Comptes de Bar qui constate avec humeur que « les contrôles des actes des notaires sont souvent quadruplés sous prétexte des procurations, ou s'il s'y trouve plusieurs vendeurs ou acheteurs quoique par les ordonnances les plus gros droits de contrôle soient de 24 livres.... » (1).

(1) *Remontrances* de 1740, 1750, 1757, 1758 ; j. cit.

CHAPITRE IV

LES MONOPOLES.

Les monopoles exploités par la Ferme générale étaient : la *châtrerie*; la *rifterie*; la fabrication et la vente du *tabac* et du *sel*; la Ferme jouissait, en outre, du produit des baux des *postes et messageries* dont elle n'avait point la régie.

SECTION I. — Châtrerie.

Par ce singulier monopole, propre à la Province, la Ferme avait le privilège exclusif de faire châtrer les animaux énumérés au bail, moyennant un tarif également établi d'avance.

La *châtrerie* était un très ancien droit seigneurial que, peu à peu, les Ducs avaient attiré à eux et dont ils avaient fait un attribut régalien. Ils en avaient ensuite gratifié leurs favorisés sous la forme d'un office, celui de *maître châtreux* ou *maître des châtreurs* A ce titre étaient attachés certains droits honorifiques fort appréciés, sans compter les avantages pécuniaires du monopole, qu'exerçaient, sous la haute direction du maître, et pour son profit, un certain nombre de lieutenants et de commis. Ces derniers étaient soumis à un règlement imposé par Charles III, en 1590, et confirmé par ses successeurs. Dans le principe, il y avait eu deux offices distincts de maître des châtreurs, l'un correspondant à la Lorraine proprement dite, l'autre au Barrois ; offices qui plus tard furent réunis en un seul.

De grands personnages, des femmes, même, de noble famille

tinrent à honneur d'en être pourvus ; plusieurs de Pullenoy furent maîtres châtreux ; un de Gerbéviller, premier grand-maître des requêtes de l'hôtel, l'était en 1701. Léopold, en 1707, en même temps qu'il nommait professeur à l'Université de Pont-à-Mousson, son chirurgien Malissein, lui conférait cette distinction dont jouissait en 1712 le comte des Armoises ; plusieurs titulaires se plurent à se faire appeler pompeusement : grand-maître des châtreux des Duchés (1). Un arrêt du Conseil d'État, du 16 mars 1731, supprima cette charge et réunit au Domaine les droits et émoluments qui y étaient attachés ; le droit exclusif de châtrer les animaux dans toute l'étendue de la Lorraine fut dès lors affermé, et naturellement l'administration française le conserva et le comprit dans le bail de la Ferme générale. S'inspirant des anciens règlements qu'il codifia, l'arrêt du Conseil des finances, du 22 avril 1752, réglementa d'une façon complète l'exercice de ce monopole (2).

La Province était divisée à ce point de vue en huit départements : Nancy, Lunéville, Sarreguemines, Mirecourt, Etain, Bar, Saint-Mihiel et le Bassigny. Dans chacune de ces circonscriptions la Ferme devait placer un nombre suffisant de châtreurs, sous-fermiers à différents degrés. Ceux en fonction élisaient parmi eux un maître, deux échevins et un sergent chargé de la police. Les châtreurs préposés par les fermiers devaient auparavant avoir été reçus par le maître du métier et les échevins qui leur délivraient les lettres de ban nécessaires à l'exercice de leur profession. Deux fois au moins par année, au printemps et à l'automne, ils faisaient une tournée dans leur départements respectifs dont d'ailleurs ils ne pouvaient franchir les limites. Aussitôt que l'arrivée du châtreur a été annoncée dans un village, interdiction absolue aux habitants de laisser sortir aucun animal de l'écurie ; ne faut-il pas qu'il soit possible

(1) Sur les *maîtres châtreux*, v. H. Lepage, *Les offices des Duchés de Lorraine...* j. cit.

(2) *Recueil des ordon. de Lorraine*, VIII, p. 361.

de vérifier si les droits de la Ferme ont été soigneusement sauvegardés ? Quiconque est reconnu avoir châtré ou fait châtrer un animal quel qu'il soit, — excepté les moutons et les brebis que le berger peut opérer lui-même, — est condamné à 20 livres d'amende, dommages et intérêts ; au double, en cas de récidive et sans qu'aucune modération puisse être accordée. L'étranger surpris exerçant ce métier sur le territoire de la Province doit être aussitôt arrêté par les gens de justice pour n'être rendu à la liberté qu'après le versement de pareilles amendes. Les services des châtreurs étaient payés d'après un tarif où, suivant l'animal, les prix variaient de cinq livres à quatre sols (1).

Malgré les précautions prises par les règlements afin que la Ferme générale ne pût préposer que des employés expérimentés, les Lorrains eurent souvent à se plaindre de la malhabileté, de l'insouciance de ces gens qui occasionnèrent la perte de beaucoup d'animaux. La Ferme, il est vrai, était responsable ; mais les moyens de preuve manquaient le plus souvent ; il fallait engager un procès, et le laboureur, dans cette lutte inégale, était presque sûr de succomber. C'était de plus, de la part des sous-fermiers châtreurs, des minuties, des vexations multiples.

Toutes les difficultés sur la matière de la châtrerie étaient portées en première instance par devant les juges des bailliages et en appel à la Chambre des Comptes.

SECTION II. — Riflerie.

Si un propriétaire ne pouvait châtrer lui-même aucun de ses animaux, ni le faire châtrer, sans avoir recours aux gens de la Ferme, c'était encore à des délégués de cette dernière qu'il devait s'adresser, une fois l'animal mort, pour le *rifler*, c'est-à-dire le « blanchir et dépouiller », ainsi que pour enfouir le

(1) *Ibid.*

cadavre. Un animal périt-il ? Sous peine de 25 livres d'amende, il faut avertir le rifleur-juré, lui payer pour le dépouillement un prix fixé au tarif, — à moins qu'on ne préfère lui abandonner le cuir de la bête, — et lui verser, enfin, trois francs pour creuser la fosse ; tout cela en vertu d'un autre curieux monopole : le *droit de riflerie*. De même que la châtrerie, la riflerie avait été tout d'abord un droit seigneurial ; mais Léopold, continuant l'œuvre de ses prédécesseurs, avait finalement réuni à son domaine particulier toutes les rifleries des Duchés (1).

SECTION III. — Les tabacs.

Le tabac était connu en Lorraine dès le commencement du XVIIe siècle ; mais, alors, il n'y était guère utilisé que comme remède. Charles IV, dans une ordonnance du 12 février 1628, défendait d'en semer en pleine campagne, « ayant sceu » disait-il, « le dommage que cela apporte aux biens et fruits de la terre… mais demeurera libre à chacun pour en prendre comme auparavant selon qu'aucuns en peuvent ressentir du soulagement ». Vers 1663, quelques particuliers en tentèrent encore la plantation qui fut de nouveau sévèrement interdite. Peu à peu, cependant, l'usage de la précieuse solanée s'était répandu dans les Duchés et y était devenu un besoin. Léopold sut tirer parti de cette circonstance ; loin de prohiber la culture du tabac, il l'encouragea par différents moyens, surtout par des avantages assurés aux planteurs (2). Le tabac devint dès lors une source de revenus pour le Prince. Le commerce, en effet, ne fut jamais libre. On ne pouvait semer cette plante qu'avec la permission d'un fermier du tabac qui en surveillait l'exploitation, à qui toutes les feuilles devaient être remises à un prix convenu, et qui, seul, avait le droit d'en débiter dans les Duchés, à la

<hr>

(1) Arrêts et documents divers concernant le droit de riflerie, *passim*.
(2) V. Baumont, *Ibid.* pp. 568-569.

réserve de la baronie de Fénétrange où la vente était libre. Dès 1700, cette ferme rapportait 12.000 livres ; 48.000, dix ans plus tard ; 75.000 en 1715 (1). En 1725 son produit net fut de 226,000 liv. (2), et l'année 1728 ayant été des plus favorables, la récolte atteignit une valeur de 286.222 livres.

Avec l'administration française la ferme du tabac qui avait été réunie, en 1720, à la Ferme générale de Lorraine, fut aussi et définitivement comprise dans l'adjudication des autres droits et monopoles parmi lesquels elle était estimée pour 270.000 liv. (3). De ce moment, tout changea. Le fermier du tabac s'engageait autrefois à en planter un minimum de 1.500 jours de terre, chiffre qui était toujours de beaucoup dépassé. La Lorraine était même, avec le Comté d'Avignon, la portion du territoire de la France actuelle où il s'en cultivait le plus, depuis qu'un arrêt du Conseil, du 29 décembre 1719, et une déclaration du roi, du 17 octobre suivant, avaient supprimé toutes les plantations de l'intérieur du Royaume pour ne plus autoriser que celles faites en Alsace, en Artois, en Hainault, en Cambrésis et en Franche-Comté (4). Le premier bail passé en 1737 obligeait encore la Ferme générale à l'exploitation de 1.000 jours ; mais bientôt la Lorraine fut comprise dans la prohibition et ses cultures entièrement détruites. On donna comme prétexte de cette mesure la mauvaise qualité des pieds de tabac produits par le sol des Duchés. Or, le tabac de la Lorraine, sous Léopold et sous François, avait joui jusqu'à l'étranger d'une réelle renommée ; tous les écrivains de l'époque sont unanimes à en faire l'éloge : « le tabac de la Lorraine » nous dit Durival, « eut beaucoup de réputation » (5). Le meilleur croissait aux environs de Neufchâteau. « Les terrains gras et sableux des

(1) *Ibid.*, p. 389.
(2) *Archives de Meurthe-et-Moselle*, C. 90.
(3) *Archives nationales*, K. 1184.
(4) *Ms. 404 de la Bibliothèque de Nancy.*
(5) Durival, *Ibid.* I, p. 284.

villages les plus proches de la Capitale », déclarait avec regret un contemporain autorisé, « entr'autres ceux de Jarville et de la Neuveville y étoient infiniment propres... le travail qui en précède ou suit la récolte occupait un grand nombre de personnes de tout âge » (1). On ne manipula plus dans la Province que des feuilles tirées de Virginie, de Hollande ou d'Alsace. En 1753, huit presses étaient continuellement en activité dans l'importante manufacture de Nancy, appelée communément la *Tabagie*. Mais la Ferme avait supprimé les manufactures de Saint-Avold, Saint-Mihiel et celle de Neufchâteau, très considérable avec ses ateliers et sa vaste halle où se faisaient naguère la récolte et le séchage des feuilles (2).

La manufacture des tabacs de Nancy envoyait ses produits dans quatre magasins ou bureaux généraux : Nancy, Bar-le-Duc, Neufchâteau et Saint-Avold. Du bureau général de Nancy dépendaient les entrepôts de Dieuze, Blâmont, Lunéville, Pont-à-Mousson, Rambervillers, Épinal, Saint-Dié, Fontenoy-le-Château, Gérardmer, Remiremont et Sainte-Marie-aux-Mines. De celui de Bar-le-Duc : les entrepôts de Saint-Mihiel, Commercy, Conflans et Arrancy. Le bureau de Neufchâteau comprenait dans son arrondissement : Darney et Mirecourt ; celui de Saint-Avold : Réling, Sarreguemines, Bitche, Tholey et Lixheim. A chaque bureau général étaient attachés un receveur et un contrôleur qui percevaient respectivement trois cinquièmes et deux cinquièmes sur les levées qu'y venaient faire les entreposeurs. On n'y pouvait acheter moins de cinq livres de tabac de chaque espèce. Quant aux entreposeurs, ils prélevaient des remises en nature sur le tabac qu'ils vendaient aux débitants (3). Sous ce nouveau régime le prix des tabacs fut

(1) Coster, *Mémoire sur différens moyens de donner la plus grande aelicité au Commerce... etc.* Nancy, 1791, in-12° de 37 p.

(2) Cf. Chapellier, *Étude sur l'introduction, la culture, la fabrication et la législation du tabac en Lorraine...* (*Annales de la Société d'Émulation du département des Vosges*, 1871).

(3) Papiers et placards divers ; *passim*.

sensiblement augmenté. Dès 1750, la Cour Souveraine mentionnait parmi les divers objets de ses Remontrances, ce « prix
des tabacs qui se vendent aujourd'hui le double de ce qu'ils se
vendaient autrefois ».

SECTION IV. — Les Salines ; la Gabelle.

Le monopole de la vente du sel était de beaucoup le plus
important ; il tenait une large place bien distincte dans le bail
de la Ferme générale, et il mérite à tous les points de vue un
examen plus approfondi que les précédents.

De tout temps, on avait fabriqué du sel en Lorraine ; dès la
domination mérovingienne, les sources salées de la vallée de la
Seille étaient activement exploitées, et, sous les caroligiens,
cette industrie n'avait point tardé à prendre un grand dévelop-
pement. Les principales abbayes obtinrent d'établir, pour leur
usage particulier, des poêles dans les salines domaniales. Les
poêles, chaudières où se cuisait le sel, — par extension, on donnait quelquefois ce nom aux bâtiments qui les abritaient — étaient
les anciennes *patellæ*, tandis que le vieux mot *sessus* désignait
l'usine ou l'enclos qui renfermait la source. L'eau se puisait
avec une sorte de grue, d'où l'expression *jus ciconiæ* longtemps
employée pour indiquer le droit de tirer de l'eau au puits
salant. Les ducs ne manquèrent point de porter de bonne heure,
et tout spécialement, leur attention sur cette richesse du sol
lorrain ; les salines devinrent leurs principales usines domaniales; ils en obtinrent de forts revenus qu'ils s'assurèrent mieux
encore par des lois prohibitives leur réservant la vente exclusive
du précieux produit. C'est Ferri III, par exemple, qui réunit au
domaine ducal, par des acquisitions successives, la totalité des
salines de Rosières qui appartenaient jusqu'alors en partie à
différentes branches de la famille des Lenoncourt. C'est aussi
Charles III qui, par d'habiles règlements, sut augmenter le rapport

de ses usines à sel au point qu'elles formèrent désormais un des plus beaux joyaux de la couronne de Lorraine. La bonne qualité des sels qui y étaient fabriqués permettait qu'on les écoulât au dehors à un prix plus élevé que les sels étrangers ; elles rapportaient alors annuellement environ 600.000 francs barrois. En 1589, le prix du sel fut augmenté pour subvenir aux frais d'une guerre coûteuse ; et, comme les pauvres achetaient volontiers et à meilleur compte du sel étranger, l'introduction de ce dernier fut sévèrement prohibée par des ordonnances successives, en 1572, 1590 et 1591. Le monopole de la gabelle était désormais créé, et, sous les règnes suivants, il fut toujours soigneusement conservé (1).

Avec Léopold, la production du sel doubla presque ; auparavant il s'en façonnait 19.000 muids ; en 1723, on en obtint 34.771 et le produit de la gabelle atteignit 1.982.341 livres (2). Bref, les usines à sel de Lorraine prospérèrent si bien qu'en 1737 l'administration française put, dans le bail de la Ferme, en comprendre le revenu — les 519.868 liv. de dépenses occasionnées par la régie déduites — pour 1.848.390 livres.

Sur bien des points du territoire des Duchés, on voyait sourdre alors des sources salées, continues ou temporaires. Le nombre en était surtout considérable sur le bord des rivières de grande et de petite Seille. Il en était apparu, et il devait en apparaître encore, en maints endroits. Il y avait eu ·autrefois des salines à Moyenmoutier ; plus récemment, on cuisait encore le sel à Saltzbronn ; l'eau salée eût de même été facilement utilisée à Cocheren, à Dombasle, à Roville, etc., localités où elle se montra plusieurs fois. Mais en 1737, trois sources seules

(1) Sur l'historique de l'exploitation et de la vente du sel en Lorraine, V. entre autres : Calmet, *Dissertation sur les salines de Lorraine.* — Piroux, *Mémoire sur le sel et les salines de Lorraine*, Nancy, 1791, in-8° de 56 p. — D' Ancelon, *Historique de l'exploitation du sel en Lorraine (Mémoires de l'Académie de Metz*, 1877-1878) : etc.

(2) Cf. Baumont, *Ibid.* pp. 578 et s.

étaient exploitées par des salines qui s'élevaient à Dieuze, à Château-Salins et à Rosières ; en 1760, enfin, la saline de Rosières fut fermée par l'administration française, et les deux premières restèrent seules exploitées par la Ferme (1).

La Lorraine fit partie, sous Stanislas, de ce qu'on appelait dans le vocabulaire des fermes les *pays de salines*, c'est-à-dire de cette étendue de territoire composée de la Franche-Comté, des Trois-Evêchés, du Rethelois, d'une partie de l'Alsace, du Clermontois, et qu'alimentaient les salines des Evêchés et de la Comté, puis de ce moment, celles surtout des anciens Duchés. Le prix du sel était fixé dans la Province à 11 sous le pot depuis une déclaration du 25 décembre 1726, soit 5 sous et demi la livre, chiffre qui fut maintenu durant tout le règne du roi de Pologne.

Quelques parties des Etats suivaient un usage différent, tels le Mertzig et le Sargau. La Ferme était de même obligée de débiter le sel à un prix moindre, et fixé par la convention, dans beaucoup de cantons de la frontière échangés avec les princes voisins et qui avaient conservé leurs privilèges de gabelle : Morange, Bouquenom, Saarwerden, Bitche, Lixheim, Sainte-Marie-aux-Mines, la terre de Salm, Fénétrange, etc. Les formateurs fournissaient la quantité de sel fixée au bail à 20 liv. le muid ; les traitants le vendaient de 40 à 50 liv. à l'étranger, dans les lieux limitrophes ou enclavés. Il coûtait à la Lorraine 131 livres. On en vint même bientôt, pour empêcher quelques voisins de se fournir ailleurs, à leur céder le sel à un prix dix fois moindre environ que celui fixé pour le débit intérieur.

Payant ainsi le sel de son propre pays beaucoup plus cher que les étrangers, l'habitant des Duchés l'avait aussi moins bon. On distinguait le sel : en sel à petit grain et en sel à gros grain, dit façon Cologne : c'est-à-dire le sel des poêles et celui des poêlons. Celui des poêles était destiné à la province et n'était

(1) *Archives de Meurthe-et-Moselle*, C. 90.

soumis à la cuisson que pendant 24 heures ; celui destiné au dehors demeurait pendant 5 jours dans les poêlons. Si quelque cuite était manquée, s'il restait dans les magasins quelque sel avarié, c'était encore pour les Lorrains. Quand la saline de Rosières fut supprimée, le formateur voulut faire argent de tout. Il ne s'éleva qu'un cri à Nancy, à Mirecourt, à Vézelize, pour se plaindre du sel qui était amer et jaunâtre. Des accidents de toutes sortes se produisirent dont les moins graves furent des indigestions et des purgations violentes. On recourut à l'analyse ; le rapport des experts établit « que le sel dont il s'agissait avait été fabriqué avec peu d'attention et malpropreté, s'y étant trouvé beaucoup d'impuretés telles que du gravier, du sable, du charbon, du bois et autres matières séléniteuses et que l'amertume qui était dans ledit sel provenait de la nature du sel de Glober et Ipsom... ». La Chambre des Comptes dut par deux fois ordonner que ces sels seraient jetés dans la rivière s'ils n'étaient point purifiés (1). En temps habituel, d'ailleurs, le sel de Château-Salins, à base plus terreuse, était tout particulièrement réservé à la consommation locale. La vente du sel se faisait dans la Province par le soin d'un fermier général des gabelles qui passait des baux secondaires avec les sous-fermiers des bureaux de distribution. Les habitants pouvaient se procurer du sel dans 153 magasins et 81 petits greniers ou regrats. Magasineurs et regrattiers étaient d'abord soumis à la vente à quotités forcées, ce dont ils furent déchargés sous le bail de Duménil.

Un prix plus élevé, une qualité moindre, n'étaient point cependant les seuls désavantages que la Ferme imposât à la Lorraine. En 1737, le sel se débitait à la mesure : pot, pinte, chopine, et demi-chopine. Les fermiers, dans leur intérêt, tentèrent à plusieurs reprises d'introduire la distribution au poids. La Chambre des Comptes défendit de modifier l'ancienne coutume

---

(1) Cf. *Recueil des ordon. de Lorraine*, X, p. 66.

et ordonna de se servir toujours de mesures étalonnées. Mais le peuple ne tarda pas à se plaindre ; il n'avait plus son compte de sel ; l'hôtel de ville de Nancy protesta et la Chambre des Comptes dut s'inquiéter de cette situation. On fit des enquêtes en différents points de la Province, sous les yeux des parties publiques. Il en résulta la preuve certaine que les récriminations des habitants étaient fondées. La Ferme et ses agents leur faisaient un préjudice considérable résultant : de l'altération des mesures, d'un abus dont les magasiniers étaient par trop coutumiers et qui consistait à changer le fond de ces mesures, à tirer à l'aide de treilles fort minces le quart et quelquefois plus de ce qu'elles contenaient ; ces fraudes coupables se compliquant de celles que l'on pourrait appeler légales : telles la légèreté étudiée de la main et la faculté accordée aux magasiniers de prendre le sel des *bans* (1) qui se fouettait beaucoup plus facilement que celui des magasins. Tout avait été prévu et imaginé ; aucun petit profit n'avait semblé négligeable. Ces manœuvres commençaient dans la saline. Le savant Guettard, après avoir étudié dans ces usines la manière dont le *boutavant* et le *contre-boutavant* (2) remplissaient les mesures, explique à l'Académie des Sciences qu'... « ils occasionnent en quelque sorte par là une poussière qui, tombant dans le boisseau doit former une masse poreuse ou peu comprimée, qu'ensuite un autre homme racle le boisseau avec un rateau le plus juste qu'il peut. Cette façon de mesurer doit certainement mettre de la différence dans la pesanteur des boisseaux de sel... » (3). C'était à dessein aussi que les femmes étaient préposées aux greniers à sel. Le procureur général de la Chambre des Comptes, très au courant de la question, écrivait en 1746 : « L'expérience a fait connaître qu'elles sont beaucoup plus propres à ce métier que les hommes

(1) *Ban* : pièce servant d'étuve derrière les poêles et poêlons.

(2) Officiers des salines qui mettaient le sel dans le voxel.

(3) *Observations minéralogiques faites en France et en Allemagne (Mémoires de l'Académie royale des Sciences, 1765).*

parce qu'elles ont les mains plus petites, beaucoup plus agiles pour livrer le sel… qu'elles ont en outre plus d'adresse pour triller et diviser le sel en plus petites parties, à l'effet d'introduire dans les mesures la moindre quantité qu'il leur est possible, chose qui leur est permise » (1). La Chambre des Comptes fut dès lors convaincue qu'il était indispensable de sacrifier un ancien usage pour une méthode qui semblait susceptible de bien moins de mauvaise foi. Le 2 septembre 1750, elle ordonna qu'à partir du mois suivant, c'est-à-dire avec le nouveau bail de la Ferme, la délivrance du sel se ferait au poids. Cette décision fut unanimement applaudie.

Mais, en juin 1758, la Chambre de Bar se faisait l'écho de nouvelles plaintes sur cette seconde manière de débiter le sel ; « Depuis quelques années », disait-elle, « les fermiers généraux, pour gagner considérablement, ont eu le secret d'obtenir de le vendre à la livre ; l'humidité que l'on donne au sel et qu'il prend aisément quand il est mal cuit leur portant plus de profit que la légèreté de la main du livreur en remplissant mal les mesures, et ce profit est si considérable que pour la somme de 8 livres 5 sols, l'on avait autrefois un vaxel de sel bien sec pesant 38 liv., et pour le même argent on n'en a que 28 livres bien humide…. » (2). « Depuis qu'on vend le sel au poids » est-il déclaré dans un autre mémoire, « il en coûte à chaque ménage un cinquième de plus que lorsqu'on le délivrait dans les vassels, pots ou pintes. Il y a dans la Lorraine et le Barrois environ 160.000 ménages y compris les communautés religieuses, les privilégiés et les contribuables. Si un ménage consommait pour 12 livres de sel lorsqu'on le délivrait dans les mesures, il en consomme pour 15 depuis cette nouvelle méthode. C'est conséquemment 3 livres d'augmentation par année pour chaque ménage, ce qui forme 480.000 livres d'augmentation d'impôts sur la Province. » (3)

(1) Cf. *Archives de Meurthe-et-Moselle*, C. 98.
(2) *Remontrances du 12 juin 1758*, l. cit.
(3) *Archives nationales*, K 1103.

Emue, sans doute, des réclamations qui s'élevaient de toutes parts la Chambre des Comptes de Bar oubliait un peu vite que c'était sur le désir généralement exprimé, et sur l'initiative de la Chambre de Nancy, que ce changement avait été effectué. La vérité était que, tout comme naguère on spéculait sur le volume du sel des bans légèrement fouetté, aujourd'hui, on utilisait l'augmentation de poids obtenu par certaines préparations ; le génie inventif de la Ferme avait ses souplesses. Et si les habitants trouvaient, par expérience, que le nouveau mode de débit leur était, en somme, plus onéreux que le premier, si cette campagne qu'ils menèrent durait encore à la mort de Stanislas, c'est que, en surplus des petites supercheries faites lors de la pesée, ils étaient victimes d'une double erreur de calcul qui allait toujours se répétant. Quand il s'était agi d'opérer la conversion, les fermiers avaient amené la Chambre des Comptes à décider que l'équivalent du pot serait deux livres de sel. Employèrent-ils lors des expériences une température trop moite qui donnait au sel, devenu moins compact et plus « doux », la faculté d'occuper un plus grand espace ; ne vérifia-t-on pas la supposition gratuite qu'ils firent ? Quoi qu'il en soit, ils obtinrent que la valeur du vaxel fût fixée à 44 livres. Or, d'après des essais effectués plus tard, entre autres en 1789, par l'Intendant de Metz, puis par l'architecte Piroux qui obtint les mêmes résultats vérifiés encore depuis, le vaxel contenait effectivement 57 livres de sel. La perte était ainsi déjà pour l'acheteur de 13 livres sur 57, et, en admettant que le vaxel fût divisé en 16 pots, chaque pot eût dû être remplacé par 3 livres 9 onces au lieu de 2 livres seulement pour lesquelles on avait échangé son contenu. Mais ce préjudice considérable, dont le peuple éprouvait les effets sans en découvrir au juste la cause, se compliquait d'un autre encore. La valeur légale du vaxel avait été établie par l'ordonnance de Charles III, du 4 mars 1597, dans laquelle elle était fixée à 27 pintes, soit 13 pots et demi. C'était arbitrairement qu'en 1750 le vaxel avait été divisé en 16 pots. Ces deux différences se reproduisant à chaque pesée donnaient un total dont l'importance surprend. C'est ainsi qu'après de longs et minutieux calculs, l'auteur d'un mémoire, couronné en 1791 par l'Académie de Nancy, arrivait à trouver que ces seules erreurs « avaient causé à la Lorraine pendant 37 ans et 10 mois, depuis le 1er octobre 1750 au 1er août 1789, une perte qui s'élevait à 41.490.795 livres de France ». Si nous nous bornons à la période pendant laquelle le sel resta fixé à 5 sols et demi la livre, soit du 1er octobre 1750 au 31 décembre 1771, nous obtenons une somme de 18.960.556 livres que l'on peut considérer comme l'expression d'une augmentation indirecte, faite à l'insu du peuple, sur le prix du sel ; soit, enfin, environ 14.000.000 livres pour le règne de Stanislas (1).

La consommation annuelle en sel était fixée pour la Province à 10.040 muids, ce qui devait rapporter une somme de 1.943.744 livres. Le fermier général de la distribution dans l'intérieur des États était à « vidange forcée » de cette quotité, c'est-à-dire qu'il en devait le prix à la ferme qu'il parvînt ou non à l'écouler.

Jadis les *francs-salés* se délivraient en nature ; mais comme il était à craindre que ceux qui en étaient gratifiés, ayant ainsi souvent plus de sel qu'il ne leur en fallait pour leurs propres besoins, n'en répandissent dans leurs familles, ce qui diminuerait d'autant la vente dans les magasins, ils se touchaient en argent, à raison de 9 livres le vaxel, depuis l'ordonnance du 28 mars 1720. Chaque conseiller d'État avait droit à 6 vaxels ainsi que les présidents, procureurs et avocats généraux de la Cour Souveraine et des Chambres des Comptes. Les autres membres de ces compagnies étaient portés pour 4 vaxels et leurs substituts pour 2 vaxels. Seuls, les officiers des salines recevaient encore le franc-salé en nature. La Ferme devait enfin chaque année 25 muids pour la Maison du roi de Pologne (2).

(1) Piroux, *Ibid.*
(2) *Archives de Meurthe-et-Moselle. Ibid.*

S'il est de l'intérêt des fermiers de vendre la totalité des 10.040 muids, il est, par contre, utile à la Ferme de France de borner à ce chiffre la vente intérieure quelle qu'en puisse être l'insuffisance. Sous Léopold, alors que la formation n'atteignait qu'environ 36.000 muids, 17.000 étaient consommés dans les Etats. Sous le nouveau régime, le contingent de chaque habitant se trouva réduit de « beaucoup au dessous du nécessaire absolu ». Au contraire des provinces tenues du « sel par devoir », minimum d'achat imposé à chaque habitant, la Lorraine était désormais réduite, pour l'ensemble de tous les siens, à un maximum qui était censé lui suffire. Cette disposition avait pour but d'éviter les versements de sel en France, car si les Lorrains payaient le sel plus cher que leurs voisins de l'étranger, ils l'avaient toutefois à bien meilleur compte que leurs voisins de l'intérieur du royaume (1).

La Ferme, afin de s'éclairer sur la conduite de ses magasineurs, et de s'assurer surtout des agissements des consommateurs, s'efforça, dès 1737, d'introduire l'usage des abonnements au sel nécessaire pour les habitants et les bestiaux, surtout dans les communautés proches de la frontière. Peu d'entre ces dernières s'y prêtèrent. Les fermiers voulurent les y contraindre en faisant rendre un arrêt au Conseil, mais l'Intendant déclara cette mesure imprudente et refusa de la sanctionner. C'est alors que les fermiers sollicitèrent, en 1739, l'établissement des *arrondissements fixes* et des *bulletins*. Sous le précédent régime, on avait affecté de choisir pour chef-lieu des magasins à sel les villages les moins éloignés des Evêchés, de la Franche-Comté, de l'Alsace, de la Champagne, ce qui favorisait, grâce aux versements, la Ferme de Lorraine au détriment de celle de France. De plus, les arrondissements de chaque magasin n'étaient pas bien déterminés ; les ressortissants avaient pu jusqu'alors dépendre tantôt d'un grenier, tantôt d'un autre, à

(1) *Ibid.*

leur gré et pour leur commodité. Les adjudicataires demandaient donc que l'on assimilât la Lorraine aux Trois Evêchés où la position des lieux était identique, le sel semblable, et pour lesquels un arrêt du Conseil, du 21 juin 1722, avait ordonné que tous les habitants seraient tenus de lever leur sel dans les magasins dont ils dépendraient et de justifier par bulletin, sous peine d'amende et de confiscation, que le sel qu'ils posséderaient provenait de ces achats. La question des bulletins ne se posait pas pour la première fois en Lorraine. Deux arrêts de la Chambre des Comptes, du 11 juillet 1699 et du 19 décembre 1731, en avaient permis l'usage, prescription que, d'ailleurs, des restrictions et des omissions rendaient purement théorique. Aucune peine, en effet, n'avait été prescrite contre ceux qui ne reproduiraient point leurs bulletins; il eût fallu, de plus, pour obtenir une condamnation, prouver que le sel non inscrit provenait de la vente étrangère. Aussi les visites domiciliaires, autorisées en principe par les ordonnances de 1711 et 1733, n'étaient point pratiquées, de l'aveu même des fermiers. Aujourd'hui, ces fermiers demandaient plus de rigueur ; ils jugeaient que l'absence de sanction était « une commisération mal entendue en facilitant le faux-saunage plus nuisible que favorable aux paysans qui s'accoutument par là à la vie licentieuse, aux attroupements et à l'oisiveté » (1). Cette innovation ne plut pas davantage à M. de La Galaizière qui s'y opposa comme pour l'abonnement. Il déclara qu'il ne voulait point voir les Lorrains tourmentés par les gardes de la gabelle dans des visites domiciliaires continuelles ; il mit en avant toutes les injustices qui pourraient résulter de l'ignorance ou de la malice des magasineurs ; la perte des bulletins qui attirerait un châtiment immérité. Mais les fermiers ne s'en tinrent point là ; ils s'assurèrent l'assentiment du Contrôleur Général, et bientôt M. de La Galaizière comprit qu'il lui faudrait céder à son chef.

(1) *Ibid.*

Par suite d'un arrêt du Conseil du 3 septembre 1746, une répartition exacte des districts des magasins à sel fut arrêtée. Les magasineurs eurent à afficher à la porte des dépôts la liste des localités qui devaient s'y fournir, afin que chacune d'elles ne pût ignorer celui des bureaux auquel elle était définitivement assujettie. Dans les magasins et regrats, les sujets reçurent gratuitement une feuille ou bulletin dont ils étaient obligés de se munir chaque fois qu'ils venaient s'y approvisionner. Les magasineurs y inscrivaient la date et la quantité des sels délivrés ; puis ils faisaient cette même notation sur le dormant ou contre-feuille de leurs registres. Les bulletins devaient être représentés à toute réquisition. En cas de perte prouvée, il en était délivré un autre moyennant 6 deniers. M. de La Galaizière avait tenu à insérer au moins certaines exemptions. Les communautés religieuses, la noblesse, les trois villes privilégiées, et de plus : Mirecourt, Épinal, Saint-Mihiel, Pont-à-Mousson, Bitche, n'avaient point à passer par la formalité des bulletins. Sarreguemines était aussi dans ce cas malgré les recommandations formelles et en sens contraire du Contrôleur Général, qui, porte-parole des fermiers généraux, écrivait encore en vain le 5 décembre 1746, à l'Intendant : « .., Je vous prie de faire rendre un nouvel arrêt pour l'y soumettre... ». Cette résistance de l'Intendant effrayait les ministres pour qui ces questions, se rattachant à un haut intérêt financier, semblaient de premier ordre. Pour ne point déplaire aux fermiers et pour assurer le maintien de la vente étrangère, l'administration accablait les communautés lorraines de corvées sur les routes évêchoises servant à la conduite des sels. Tous les Contrôleurs, depuis Machault jusqu'à Laverdy, supplient MM. de La Galaizière de prendre bien garde de faire perdre au roi le produit de l'exportation de ces sels. Le duc de Deux-Ponts veut-il obtenir quelque faveur à Paris, il n'a qu'à publier, au son de la cloche, suivant l'usage de son pays, que l'entrée et la consommation des sels de Lorraine vont être prohibées dans ses États. Un petit prince quelconque peut, sous ce prétexte, parler haut et fort à Versailles, et l'évêque de Bade se montrer arrogant. « Vous voulez toujours », écrivait, le 18 février 1746, Machault à l'Intendant, « regarder cette affaire comme une affaire de fermiers quoiqu'il s'agisse principalement de l'exécution d'un traité qui nous est trop avantageux pour ne pas éviter avec soin tout ce qui pourrait donner lieu à le rompre... » (1).

On ne tarda pas, naturellement, à se plaindre de la mise en vigueur du système des arrondissements fixes et des bulletins. Les uns critiquèrent la mauvaise répartition des communautés entre les différents districts des greniers à sel — ce qui occasionnait, disaient-ils, de longs trajets et de fastidieuses pertes de temps. D'autres déploraient particulièrement les inconvénients des bulletins qu'on oublie souvent et qu'on perd quelquefois ; la négligence aussi et l'inexactitude des magasineurs dans l'indication sur les feuilles et les dormants, des dates et des quotités. Le reproche était fait contre les femmes particulièrement ; outre leur légèreté naturelle, beaucoup savaient à peine écrire. Au dire de témoins oculaires, c'était dans les magasins un tumulte continuel, surtout les jours de foire et de marché, ce qui augmentait les chances d'erreurs ; « ne sait-on pas d'ailleurs », écrivait à ce propos le procureur général Collenel, « que les femmes ne sont occupées au moment de la délivrance du sel que du soin de se la rendre avantageuse et profitable, et que si leur attention est distraite un moment, elles ne songent qu'à se quereller avec quiconque se plaint d'une mauvaise livraison ou s'impatiente de n'être pas servi dans le temps qu'il le souhaite ? » (2) La surveillance continuelle, et souvent vexatoire, des gardes de la gabelle se compliquait, enfin, de perpétuelles visites domiciliaires qui n'étaient connues jusqu'alors que pour la recherche du tabac.

(1) *Archives de Meurthe-et-Moselle*, C. 91.
(2) *Ibid.*

SECTION V. — **La Contrebande.**

Par suite de sa situation, des différences considérables du prix du sel chez elle et dans les pays voisins — terres étrangères ou provinces françaises, — la Lorraine était presque fatalement devenue un centre d'active contrebande. L'archevêché de Trèves, le duché de Deux-Ponts, une partie de l'Alsace s'approvisionnaient de sel lorrain à 50 livres le muid; des spéculateurs hardis le faisaient refluer dans les Duchés pour le vendre le double, sûrs d'y trouver des acheteurs, puisqu'il y avait encore pour ces derniers un important bénéfice. Le sel de contrebande se débitait ainsi dans les faux-magasins à 6 sols le pot, au lieu de 11 sols dans les vrais. C'était aussi le sel provenant des petites souverainetés étrangères; toutefois, dans plusieurs de ces États, le souverain était obligé, par des traités particuliers, de vendre, pour enrayer le mal, le sel à un prix plus rapproché de celui auquel la Lorraine le payait Il faut mentionner, de plus, les diverses enclaves, seigneuries autrefois régaliennes de l'Empire, et qui, quoique réunies aux Duchés, jouissaient du privilège d'avoir du sel à bas prix. Mais c'était principalement au nord, sur une ligne reliant Battincourt à Remiche, que la Ferme et ses *gabelous* devaient porter leur attention. Là, le Barrois se trouvait bordé par 25 à 30 villages du Luxembourg qui ne cessaient de faire refluer le sel de la vente étrangère jusqu'à l'entrée des sept prévôtés de la Voivre. Les gardes avaient aussi à surveiller, sur ces divers points, et les contrebandiers, généralement attroupés, qui opéraient les versements, et les sujets lorrains, les plus à portée des villages frontières, qui allaient y chercher eux-mêmes le sel nécessaire à leur propre consommation. Mais, si ces deux modes de faux-saunage étaient les plus fréquents et les plus préjudiciables à la Ferme, ils n'étaient point les seuls. Est faux-sel aussi, depuis l'établissement des bulletins, le sel pris dans un autre magasin que celui auquel son possesseur est assujetti ; est faux-sel, surtout, celui extrait de différentes substances : celui obtenu par la cuite de l'eau salée, tout d'abord. Une des fonctions essentielles de l'inspecteur des sources est de faire boucher avec soin toutes celles qui viennent à sourdre accidentellement. Une source salée apparaît-elle en quelqu'endroit, les abords en sont aussitôt gardés par des agents armés, en attendant que l'on n'épargne aucun moyen pour l'annuler ou en faire perdre les eaux dans quelque ruisseau, de telle sorte que ces eaux ne puissent désormais être volées et employées au préjudice de la gabelle. Un arrêt du Conseil, du 24 avril 1751, entre autres, condamne à 100 francs d'amende une malheureuse fille envoyée par ses parents puiser de l'eau à une source salée — qui s'était montrée à Cocheren près de Forbach ; — la coupable avait été surprise par les employés de la Ferme avec 2 pots de l'eau défendue. Interdiction semblable de se servir des matières connues sous les noms de *schlot, écailles, pierres de sel, balayures de séchoir, crasses noires salées*, toutes déchets de l'industrie des salines. Dans les usines, on s'en défait aussitôt. A Dieuze, il y a un canal spécial pour jeter les pierres de sel. A Rosières, on les verse dans la Meurthe. Les employés ne doivent laisser sortir les cendres qu'après qu'elles ont été tamisées de façon qu'il n'y reste aucune écaille de sel. Les voituriers qui rentrent en Lorraine, après avoir conduit des sels à l'étranger, sont obligés, à peine de 100 livres d'amende, de mouiller et laver auparavant leurs *bauches* afin qu'elles ne soient point *ensalinées* (1). L'usage du salpêtre est proscrit tout comme celui des sels de marée ou de la saumure des viandes. Quinze onces de sel de morue ayant été saisies chez un habitant de Nancy, en 1740, ce dernier fut condamné à 500 livres d'amende et le sel confisqué pour être, ainsi que le portait l'arrêt, « jeté et submergé comme immonde » (2). Cette prohibi-

(1) Pour ce qui précède, consulter, entre autres, les baux de la Ferme générale. — *Recueil des ordon. de Lorraine, passim.*

(2) *Ibid.*, VI, p. 251.

tion avait un caractère particulièrement vexatoire dans un pays où les salaisons de porcs se faisaient en grand, et où la quantité de sel réservée à la consommation intérieure était restreinte. La Chambre de Bar s'en plaignait en ces termes dans ses remontrances du 12 juin 1758 : « Ils ont encore réussi, Sire, de faire défendre par le bail actuel l'usage des saumures des viandes salées sous prétexte que cela est défendu dans le royaume de France. Mais cette défense n'est faite en France que parce que cette espèce de sel provient de l'étranger comme la saumure de morue et, sur ce prétexte, les employés des fermes font journellement des reprises sur vos sujets pour la saumure provenant de la salaison de leurs porcs, quoiqu'elle ne soit faite qu'avec le sel du pays, qu'ils ont acheté, cette province ne pouvant tirer des sels de France... » (1).

Le faux-saunage était alors si actif en Lorraine, que le premier fermier de la distribution des sels, sous le régime français, se trouva, à la fin de son bail, avec 4.092 muids non vendus ; rien que pour l'année 1744-45, sur les 10.040 muids, quantité presqu'insuffisante pour la consommation des habitants et des bestiaux, 1.800 muids ne furent point placés (2). La fraude des tabacs atteignait de semblables proportions ; on en plantait en cachette dans le fond des forêts. Les *faux-tabatiers*, comme on disait, marchaient de pair avec les *faux-sauniers*. L'établissement des bulletins, en exigeant chez les fraudeurs plus de précautions et de ruses, en provoquant de la part des agents plus de vexations et d'arbitraire, ne put empêcher le mal.

Pour faire respecter ses deux grands monopoles du sel et des tabacs, la Ferme entretenait une véritable armée de limiers avec toute sa hiérarchie : capitaines-généraux, brigadiers, sous-brigadiers, commis et gardes, dont les uns étaient installés à poste

(1) *Remontrances...* l. cit.
(2) *Archives de Meurthe-et-Moselle*, C. 90.

fixe tandis que d'autres parcouraient en lignes la Province et les
Evêchés. Dans une région où les pénétrations et les enclaves
avec le Royaume étaient multiples, les manœuvres des gardes
eussent été presqu'impossibles si les contrebandiers opérant en
Lorraine avaient pu trouver un asile sur la terre française ou
inversement. C'est cette situation qui avait causé jusqu'alors un
important préjudice à la Ferme générale de France à l'avantage
de celle des Duchés, et qui avait encouragé et habitué à un
pénible et triste métier un grand nombre d'habitants. A ce point
de vue, la Ferme avait le plus sérieux intérêt à ce que les frontières fussent supprimées. L'arrêt du Conseil des finances, du
23 novembre 1737, avait donc autorisé la poursuite des contrebandiers sur les états de Lorraine par les employés de la Ferme de
France, et, peu après, la réciprocité avait été admise (1). A partir de 1754, les agents du Royaume purent même venir effectuer
leurs perquisitions dans les domiciles lorrains (2). Plusieurs compagnies franches d'infanterie et de dragons furent envoyées,
dès le début, dans différents postes de la Province pour prêter
main forte au personnel de la Ferme. Une instruction du
26 novembre 1737 leur trace leur principale ligne de conduite ;
et, en vertu de l'arrêt du Conseil des finances, du 15 juillet
1741, les troupes furent autorisées à arrêter les fraudeurs
sans être tenues aux formalités prescrites aux employés des Fermes. Les nacelles et bacs devaient enfin, sous peine d'amende
pour leurs propriétaires, être soigneusement cadenassés pendant la nuit afin qu'ils ne pussent servir à favoriser la fuite des
individus recherchés par les gabelous (3). Contre les contrebandiers de profession et leurs troupes à main armée, on organisait
ce que l'on appelait des *rebats*, des *patrouilles*, des *embuscades* ;
pour découvrir les simples fraudeurs, c'étaient de fréquentes
visites domiciliaires, de minutieuses enquêtes. Impuissants à

(1) *Recueil des ordon. de Lorraine*, VI, p. 79.
(2) *Ibid.*, IX, p. 177.
(3) *Ibid.*, IX, p. 201.

réagir contre les premiers qu'ils redoutent, les agents de la
gabelle et les gardes du tabac se plaisent à tyranniser les
seconds ; ce fut souvent contre des innocents des poursuites
iniques ou ridicules. Les châtiments rigoureux par lesquels
Léopold avait cherché à intimider les contrebandiers ne parurent
plus assez sévères ; c'est ce que déclara M. de La Galaizière qui,
peu après son arrivée en Lorraine, établit la peine des galères.
« ...l'intention de S. M. P. », écrivit l'Intendant le 2 septembre
1738 aux procureurs généraux des Chambres des Comptes, « est
que tout juge dans ses États, auquel la connaissance des fraudes
de ses fermes est attribuée, prononce dorénavant sur la simple
requête des fermiers, la peine des galères pour trois ans, contre
tous les fraudeurs et contrebandiers insolvables qui se trouve-
ront dans le cas de l'article 12 du règlement du 14 juillet 1720,
au lieu de celles du fouet, du bannissement et de la marque qui
leur étoient infligées par ledit article ; à moins qu'ils ne soient
incapables de servir sur les galères, auquel cas le même article
sera simplement exécuté contre eux... ». Mais l'article 12 en
question ne concernait que les faux-tabatiers ; ce n'était point
assez. Trois jours plus tard, M. de La Galaizière reprenait :
« ...S. M. m'ordonne aujourd'hui de vous déclarer qu'elle
entend que la même conversion se fasse à l'égard des fraudeurs
d'autres espèces de marchandises prohibées et généralement de
tous les contrebandiers qui se trouveroient dans le cas d'insol-
vabilité... » (1). S'il y a récidive, ce sera les galères à perpétuité et la marque. Bien plus, sur les instances de la Ferme, le
Conseil des finances décida, le 22 avril 1741, que quelle que
fût son incapacité de servir sur les galères, le contrebandier
débile serait néanmoins conduit à Marseille, quitte à être
enfermé dans l'hôpital réservé aux forçats, et à y être entretenu
et nourri aux frais de l'adjudicataire ; l'arrêt du 5 février avait
décrété que, quoique septuagénaire, le fraudeur serait sujet à

(1) *Archives de Meurthe-et-Moselle*, B. 11. 462.

la conversion en la peine de galères, à défaut de satisfaire à
l'amende. En 1749, enfin, la Ferme obtenait encore un autre
règlement décidant que, dès l'âge de 14 ans, les fraudeurs
seraient passibles des mêmes répressions que ceux ayant atteint
leur majorité, et sans qu'il soit besoin de nommer des curateurs
pour leur défense (1). Toutefois, les fermiers mirent tant d'ardeur et d'animosité dans leurs instances judiciaires qu'une
réaction en sens contraire vint apporter quelqu'adoucissement à
ces dispositions ; la déclaration du 22 juillet 1756 porte que les
créanciers insolvables, et seulement poursuivis au civil par la
Ferme, ne seront pas flétris et marqués ; elle les autorise à
payer l'amende, même après la sentence qui les condamne aux
galères, et à mettre ainsi fin à tout moment à la terrible peine (2).
La Chambre des Comptes essaya par une jurisprudence constante
d'apporter quelque modération à ces excessives rigueurs ; elle
fit cas des circonstances atténuantes, du peu d'importance du
délit, du manque de formalités de la part des agents de la
Ferme, des enquêtes mal faites ; mais c'était en vain ; elle ne
retardait que de quelques jours le sort réservé aux fraudeurs.
Le fermier allait en cassation et infailliblement le Conseil des
finances lui donnait raison et annulait la décision de la Chambre,
ainsi que nous l'attestent de multiples arrêts. Un seul d'entre eux
cassa, pour la simple satisfaction du demandeur, huit jugements
trop modérés (3).

Si nous éprouvons ici une réelle pitié, c'est que nous son-
geons, non aux contrebandiers de profession, aux gens sans aveu,
mais aux malheureux qui ont été surpris puisant dans le voisi-
nage de leur maison quelque pot d'eau à une source salée, ou à
ceux qui ont utilisé pour assaisonner leur maigre repas une
poignée de sel recueillie au fond d'un tonnelet de harengs ; et
qui, tous infailliblement, subiront la même peine, car ils sont

(1) *Recueil des ordon. de Lorraine*, VI, p. 277 ; VIII, p. 50.
(2) *Ibid.*, IX, p. 285.
(3) *Ibid.*, VI. p. 262 et *passim*.

de ceux qui n'ont point les 500 ou les 1.000 francs nécessaires
pour se racheter ; et la Ferme leur crie ce dilemme inexorable :
ou l'amende, ou les galères ! Nous pensons aux jeunes garçons
ayant atteint 14 ans à peine, qu'un jour leurs parents ont
envoyé chercher une ou deux livres de sel ou un peu de tabac,
sur une enclave d'Empire, et qui vont être joints à la chaîne
avec les adultes et les vieillards ; aux nombreuses mères et
filles insolvables qui, pour quelque légère fraude, furent battues
et fustigées de verges, le torse nu, par l'exécuteur de la haute-
justice, puis bannies des Etats ; aux petits enfants, enfin, innocents complices de la faute, et qu'une rançon trop élevée ne
permettra point aux parents de soustraire à la maison de force.
Malgré toutes ces menaces, la misère était si grande, la situation des lieux si engageante, les surprises si faciles, que chaque
année une quantité presqu'égale de ces misérables, réunis dans
les prisons de Nancy, attendait le départ de la chaîne, puis
cheminait vers Marseille. Comment d'ailleurs l'indigent n'au-
rait-il point succombé à la tentation quand les magasineurs
étaient faux-sauniers ? Les marchands et les voituriers des sels
vendus à bas prix pour l'étranger faisaient des versements à
travers la Province depuis les salines jusqu'à la frontière, malgré
une escorte de gardes de la gabelle ; l'Intendant calculait que,
quand chaque voiturier n'eût versé sur sa route que 3 ou 4 liv.
de sel par quintal, c'eût déjà été un objet de plus de 1.000
muids par année (1). Des commis et des gardes même sont
accusés de faux-saunage, agents plus impitoyables d'ailleurs
envers les autres qu'ils sont soi-mêmes plus coupables. Au
dire du Contrôleur Machault, les communautés religieuses de la
frontière sont de véritables entrepôts pour la contrebande ; on
fait souvent dans les chapelles des saisies fructueuses (2). Le
curé de Nitting nous a conté dans son journal l'aventure mi-

(1) *Ms. 696 de la Bibliothèque de Nancy.*
(2) *Archives de Meurthe-et-Moselle, C. 91.*

plaisante, mi-tragique, qui lui arriva une nuit que portant un sac de faux-sel, destiné à ses bestiaux, il se crut découvert, tomba dans sa fuite et se blessa (1). C'est que ce n'est point un crime, pas même une faute, pour la conscience du Lorrain d'alors, de frauder la Ferme, ne fût-ce que par haine du gabelou. Aussi, le malheureux découvert et traqué, est-il sûr de trouver partout aide et protection. Des maires et des syndics sont à chaque instant condamnés pour avoir refusé de prêter main-forte aux employés des fermiers ou pour les avoir insultés. Exaspérées par le peu de proportion entre le délit et la peine, par les scènes douloureuses qu'elles voient chaque jour se passer au milieu d'elles, les populations lorraines se livrent parfois à des représailles terribles.

Durant tout le règne de Stanislas le pays fut ainsi le théâtre d'une lutte acharnée et ininterrompue. A peu de provinces, mieux qu'à la Lorraine, à partir de 1737, s'appliquent ces paroles du ministre Necker : « C'est assez avoir vécu sous des lois de finance, véritablement ineptes et barbares, c'est assez avoir exposé des milliers d'hommes aux attraits continuels de la cupidité, c'est assez avoir rempli les prisons et les galères de malheureux qui ne sont souvent instruits de leurs fautes que par les punitions qu'on leur inflige; c'est assez avoir mis en guerre une partie de la société contre l'autre ! » (2).

SECTION VI. — **Postes et messageries.**

Ce n'était point la Ferme générale qui exploitait ce monopole ; elle percevait seulement le prix du bail que le Gouvernement en passait avec une compagnie particulière. Elle n'avait aucune part dans la régie ; elle n'intervenait que pour appuyer certaines réclamations et comme co-demanderesse dans quelques

(1) *Vie de M. Colson, écrite par lui-même*, 1795.
(2) Necker, *De l'administration des finances de la France*, II, chap. I.

graves poursuites. Les postes et messageries de Lorraine et
Barrois avaient été de bonne heure affermées aux mêmes adjudicataires que celles de France ; combinaison logique qui assurait mieux que tout autre les correspondances entre le Royaume,
les Duchés et les pays limitrophes ; indispensable presque pour
éviter les conflits et faciliter le service dans une région toute de
transits, par laquelle se faisaient les communications entre la
France, l'Alsace et les terres d'Empire. Déjà, en 1704, le fermier
des postes et messageries de France exploitait celles de Lorraine
moyennant un canon de 12.000 liv. En 1737, les raisons
étaient plus fortes encore en faveur du maintien de ce système.
Les postes de Lorraine continuèrent donc à relever de la Ferme
des postes de France ; ce fut désormais, et pendant tout le
règne de Stanislas, pour 20.000 liv., monnaie du Royaume,
somme qui était versée, chaque année et par quartiers, dans la
caisse de la Ferme générale (1).

SECTION VII. — Poudres et Salpêtres.

La Ferme générale n'avait aucun intérêt dans la fabrication
et la vente exclusives des poudres et salpêtres. Ce monopole
était affermé séparément.

Depuis le 1er janvier 1704, un sieur Edouard Waren, qua-
lifié de « lieutenant de l'artillerie », était adjudicataire des
poudres et salpêtres des Duchés. Waren mourut assez à temps,
en 1738, pour que l'administration française pût poursuivre sur
ce point, comme sur tant d'autres, son œuvre d'uniformisation.
L'approvisionnement des arsenaux de Nancy, de Metz, de Strasbourg, donnait à cette question une importance de premier ordre.
L'Intendant obtint des héritiers de Waren la renonciation à tous
leurs droits et privilèges ainsi que la cession au Domaine des
usines servant à l'exploitation.

(1) *Recueil des ordon. de Lorraine*, IX p. 267. — *Archives de Meurthe-
et-Moselle*, B. 251, 250, 11.463 : etc.

Bail put alors en être passé à la Ferme des poudres et sal-pêtres de France qui prit possession de la fabrication et de la vente dans la Province, à partir du 1er janvier 1739. Waren payait aux Ducs 3.000 livres; le prix du nouveau bail varia beaucoup suivant les époques. Le premier bail par exemple fut passé pour 8 années, moyennant 155.151 liv. 10 s. 4 d. payables d'avance en un seul versement ; le deuxième fut fait pour 9 ans, moyennant 38.750 liv. seulement. La Ferme s'engageait en outre à fournir tous les ans gratuitement 600 livres de poudre de chasse pour la Maison du roi de Pologne (1).

(1) *Recueil des ordon. de Lorraine*, I, p. 405 ; VI, p. 161. — *Archives de Meurthe-et-Moselle*, B. 244, 1763, 1764, etc.

CHAPITRE V

Ces impôts étaient désignés sous le nom de *marques* ; les commis de la Ferme ou de la Régie frappaient, en effet, les objets qui en étaient taxés d'une empreinte spéciale, indispensable pour leur mise légale en circulation.

SECTION I. — Marque des Cartes.

Léopold, par un édit du 26 octobre 1726, avait décidé qu'un personnel d'employés aurait désormais mission de surveiller la fabrication des cartes à jouer pour prévenir les fraudes des chevaliers d'industrie qui substituaient fréquemment aux jeux ordinaires des jeux pipés. Un droit de marque, de 1 sol 6 d. pour le jeu de cartes fines et de 1 sol pour les cartes ordinaires, devait être de plus levé, à unique effet, selon le prince, de subvenir à la rétribution des préposés (1). En réalité, Léopold était loin d'ignorer que ce nouvel impôt serait de quelque profit ; dix jours déjà, en effet, avant la publication de l'édit, il avait accordé pour vingt-cinq ans au premier gentilhomme de sa chambre et à ses héritiers la régie de la marque des cartes et son produit, afin, disait-il, que le marquis de Lambertye pût soutenir le rang qu'il était obligé d'avoir à la suite de la Cour (2).

(1) *Archives de Meurthe-et-Moselle*, B. 167.
(2) *Recueil des ordon. de Lorraine*, III, p. 189.

En France, l'impôt sur les cartes, par deux fois ordonné puis supprimé, avait été rétabli en 1745. En 1751, il était concédé à titre de dotation à l'École militaire de Paris créée au mois de janvier. Or, cette même année 1751, le monopole dont jouissait la famille de Lambertye allait précisément prendre fin. Ces circonstances furent l'occasion d'un singulier arrangement. Le 18 avril, Stanislas résilia un contrat passé le 14 septembre 1748 et par lequel il avait fondé, pour après son décès, à l'intention de gentilshommes lorrains, douze places au collège des jésuites de Pont-à-Mousson. Au mois d'août suivant, une convention était rédigée entre les ministres des deux rois : Stanislas reportait sur l'École militaire sa fondation à laquelle il donnait un effet immédiat ; mais, le 11 novembre, le roi de Pologne apposait sa signature à un édit qui, assimilant la Province au Royaume, y décidait la levée d'un nouvel impôt sur les cartes, impôt identique à celui établi en France et destiné à payer les douze places accordées, sur les cinq cents que comptait l'École, à des gentilshommes du pays (1). Il y avait certes là de la part de Stanislas beaucoup moins qu'une fondation ! A la rigueur, même, la Lorraine y perdait, l'importance du bénéfice que Louis XV était censé lui accorder n'étant pas proportionné à la quote-part dont il la taxait.

La perception de la *marque des cartes* en Lorraine se fit donc à partir de novembre 1751, et fut, sous la surveillance du régisseur général de France, confié à un directeur-caissier résidant à Nancy. Dans ses grandes lignes, cette régie était alors ce qu'elle est encore aujourd'hui. L'introduction des cartes étrangères est absolument interdite ; le papier servant à l'impression est vendu par la Régie qui surveille incessamment la fabrication des jeux. Les contrôleurs sont autorisés à faire des visites chez les maîtres cartiers sans l'assistance d'aucun officier de justice ; c'est en leur présence que les cartes sont empaquetées dans une

(1) *Recueil des ordon. de Lorraine*, VIII, p. 311. — *Recueil des fondations et établissements faits par le roi de Pologne.*

enveloppe qu'ils collent eux-mêmes. La répression des fraudes est beaucoup plus sévère qu'auparavant ; c'était 500 livres d'amende ; désormais la peine encourue est de 3,000 livres plus le carcan ; en cas de récidive ce sont même les galères à perpétuité. La juridiction ordinaire n'a plus connaissance, ni au civil, ni au criminel, des questions soulevées par la marque des cartes ; on n'en appelle plus à la Chambre des Comptes. C'est à l'Intendant seul qu'il faut avoir recours ; sa procédure est sommaire et ses jugements exécutoires par provision nonobstant l'appel au Conseil. L'impôt, enfin, est plus que doublé : le droit de marque étant porté à 1 denier, cours du Royaume, pour chaque carte (1). Centralisé à Nancy, l'argent de la marque ne passait point par la caisse du receveur général des finances, mais était versé directement à Paris au profit de l'École. Le produit des cartes n'a donc jamais été inscrit sur les registres des officiers des finances de Lorraine ; c'est une somme de plus à ajouter à la liste des revenus tirés de la Province par l'administration française.

SECTION II. — Marque des Cuirs

Un édit du mois d'août 1759, complété par un arrêt du Conseil d'État du 27 octobre suivant, avait établi en France un ensemble de droits sur les cuirs. Les tanneurs lorrains qui purent se croire un instant à l'abri de cette mesure ne tardèrent point à être désabusés. Ils eussent mal connu le système fiscal en faveur à Versailles. Un an plus tard, en effet, MM. de La Galaizière joignaient à leurs édits sur le troisième Vingtième et le don gratuit des villes, un projet de déclaration étendant à la Lorraine la *marque des cuirs*. Comme les cuirs et les peaux apprêtés en France, ceux des Duchés devaient désormais être taxés d'un droit

(1) Cf. Wiener, *Recherches sur l'industrie cartière en Lorraine* (*Mémoires de la Société d'archéologie lorraine*, 1883).

de marque, selon un tarif comprenant leurs diverses espèces ;
leurs fabrication et vente étaient soumises à la surveillance de
la Régie. Les cuirs en vert étaient frappés à l'exportation d'un
droit élevé ; un autre droit serait payé à l'importation pour les
cuirs façonnés. Mais, au fond, les différences entre les deux
systèmes étaient nombreuses. Tout d'abord les formalités destinées à assurer les intérêts de la Régie étaient multipliées dans
le projet présenté aux Cours pour l'enregistrement. Les cuirs
lorrains seraient marqués par deux fois du marteau des préposés ; à la dernière opération, ils seraient pesés pour acquitter
le droit en raison de leur poids. Cette pesée se ferait lors de la
seconde levée de la fosse, c'est-à-dire au moment où les peaux
imbibées d'eau et de réactifs sont deux fois plus lourdes qu'après
leur entier séchage au bout de trois mois, fait si connu que
c'était seulement à l'expiration de ce délai qu'en France les
employés de la Régie se livraient à cette opération. Les cuirs
ouvrés que le Français faisait venir de l'étranger acquittaient à la
frontière un droit de 10 °/₀ de leur valeur ; pour l'importation
en Lorraine ce droit fut fixé à 25 °/₀. Parmi les peaux en vert
expédiées au dehors, l'édit de France n'en comprenait, comme
devant être taxées, qu'un certain nombre (celles de vache,
bœuf, mouton, agneau, chèvre et chevreau) ; non seulement
l'édit de Lorraine en mentionnait davantage, mais, par quelques
mots habiles, il réservait une place dans le tarif à toutes les
espèces non énumérées et atteignait ainsi les fourrures et les
peaux des moindres bêtes. La repression des fraudes, enfin,
était bornée dans le Royaume à la confiscation des objets ;
pour les Duchés, il devait y avoir, en plus, une amende
variant de 50 à 500 liv., monnaie de France, et la Cour
Souveraine put déclarer à juste titre qu'il n'était pas possible de
trouver un édit bursal multipliant davantage ces amendes. Il est
vrai, qu'en revanche, l'administration française voulait bien
dispenser les Lorrains de tout péage intérieur pour le transport des cuirs ; mais il est juste d'ajouter qu'il y avait bientôt

quarante ans que cette abolition était effective. L'édit des cuirs fut l'objet d'un chapitre bien distinct dans les longues doléances que les Cours présentèrent alors (1).

Toutefois le ministère tint bon, et, après deux ans et demi de lutte, on représenta à l'enregistrement des Compagnies, en avril 1764, le fameux projet, plus semblable cependant à l'édit de 1759. Après quelques hésitations, la Cour Souveraine céda et enregistra le 3 mai. Elle tint néanmoins à insérer dans la formule d'usage une dernière protestation ; elle aimait à croire que la marque des cuirs serait abrogée sitôt que les besoins de l'État n'en exigeraient plus la perception. Elle n'apportait son consentement ainsi que celui de la Chambre des Comptes qu'avec quelques restrictions formelles : payement des prix du tarif en monnaie de Lorraine ; intervention nécessaire d'un officier de justice lors des visites faites par les employés de la Régie. Au mépris de la loyauté, l'arrêt du Conseil d'État du 7 juin suivant ne sanctionna cette garantie que pour les visites faites chez les simples particuliers, réticence qui équivalait à un refus (2).

SECTION III. — Marque des fers à la fabrication.

Avec la *marque des fers*, nous retrouvons la série des impôts antérieurs à 1737 et compris dans le bail de la Ferme générale. Par un édit d'août 1699, Léopold avait frappé d'un droit à la fabrication les fers et aciers des usines de Lorraine, à l'exception des objets dits : de quincaillerie (3). Le Duc avait pris comme modèle l'édit de France de 1626. Mais cet édit n'avait pas été enregistré par tous les Parlements du Royaume. Si le droit de marque était perçu dans les forges du ressort du

(1) *Remontrances des 21 et 24 janvier 1761, j. cit.*

(2) *Archives du Tribunal de Commerce de Nancy*, passim. — *Recueil des ordon. de Lorraine*, X, p. 291.

(3) *Ibid.*, I, p. 196.

Parlement de Metz ou de celui de Dijon, par exemple, il ne l'était point sous la juridiction de ceux de Toulouse ou de Grenoble. De même, dans les Duchés, l'impôt sur les fers avait soulevé de telles réclamations que Léopold avait dû bientôt le réduire, pour six années, à une taxe d'abonnement ; la déclaration du 21 juin 1720 remit en vigueur la perception de la marque presque totalement tombée en désuétude ; elle fut affermée alors pour 40.000 livres (1). Sa levée continua toutefois à présenter de sérieuses difficultés ; les sous-fermiers durent consentir à des transactions avec les fabricants. Tel n'était point l'esprit de la Ferme générale de France à laquelle un arrêt du Conseil des finances, du 28 août 1739, vint en aide dans son œuvre de réaction. Il fut ordonné, sous peine d'amende, aux maîtres de forges de fournir aux employés de la Ferme, lors de leurs tournées, les hommes et instruments indispensables pour la vérification du poids des fontes et gueuses ; les usines étant généralement isolées, leurs propriétaires refusaient, en effet, tout secours aux contrôleurs pour leurs opérations, afin que ces derniers fussent contraints de se contenter des déclarations les plus inexactes (2). En 1740, les métallurgistes du Barrois mouvant déclarent au Conseil que si l'état de choses continue, ils vont se voir dans la nécessité de fermer leurs établissements « dont le travail est considérablement diminué depuis que les fermiers de France et de Lorraine prétendent exercer lesdits droits a la rigueur, au lieu que ci-devant il est notoire que plusieurs de ces droits n'étaient pas perçus ou qu'ils étaient modérés par des abonnements et remises... » Les forges de cette région n'avaient guère de débouchés que dans les Evêchés ou la Champagne. Or les fers de la Province continuaient à être traités à leur entrée en France comme fers étrangers ; ils devaient acquitter à la frontière le droit de marque qu'ils

<hr>

(1) *Ibid.*, I, pp. 372, 719 : II, p. 360, etc. — *Archives de Meurthe-et-Moselle*, C. 90.

(2) *Recueil des Ordon. de Lorraine*, VII, suppl. pp. 48, . .

avaient déjà payé à l'usine. La Ferme de France et celle de Lorraine continuaient, tout en ne faisant plus qu'une, à exiger chacune à son tour le même impôt. Sept forges du Barrois mouvant, il est vrai, obtinrent à la suite de leur pétition de ne plus payer que les trois quarts des droits de marque ordinaires (1) ; un certain nombre d'autres établissements reçurent aussi différents privilèges ; mais, pour la majorité, l'impôt complet resta la règle. Là, les employés de la Ferme percevaient par chaque quintal : 8 s. 9 d. pour les gueuses ; 13 s. 6 d. pour les fers coulés ; et 1 liv. pour l'acier. « J'ai sous les yeux », écrivait Coster en 1762, « la preuve que trois milliers de fer de la tirerie de Runux adressés à un épinglier de Paris par un marchand de Nancy et qui avaient déjà payé à la forge le droit de la marque des fers, ont encore payé **342** livres à leur entrée en Champagne quoique le prix de ces trois milliers de fer ne fût que de 1.230 liv., 15 s... Il en résulte que le même fer paye au même fermier, outre le droit de sortie de Lorraine et le droit d'entrée de France, trois fois la marque des fers, savoir une première fois à la tirerie, une seconde fois à la sortie de Lorraine, une troisième fois à l'entrée en France... » (2). Si, dans cet exemple, la matière première avait été tirée de Franche-Comté, comme cela se pratiquait souvent, il faudrait encore ajouter à cette nomenclature de droits la somme versée pour l'introduction en Lorraine du minerai ou de la gueuse. Au droit de marque proprement dit et perçu lors de la fabrication se rattachaient, en effet, tout comme pour les cuirs, des droits spéciaux d'entrée et de sortie compris généralement, pour la commodité, sous la même rubrique, mais qui cependant ne peuvent être classés que parmi les *droits de traite* qu'il nous reste à étudier.

(1) *Ibid.*, p. 61.

(2) (Coster) *Lettres d'un citoyen à un magistrat sur les raisons qui doivent affranchir le commerce des Duchés de Lorraine et de Bar du tarif général projetté pour le Royaume de France.*1762, in-8° de 420 p.— pp. 385 et suiv.

CHAPITRE VI

SECTION I. — Traites autres que la Foraine.

1. *Droits d'entrée et de sortie sur les cuirs.* — Rappelons pour mémoire qu'un droit d'entrée sur les peaux et cuirs façonnés était perçu, selon un tarif, aux frontières de Lorraine, tandis que ces produits en vert payaient à l'exportation, en plus des droits de sortie ordinaires, 10 °/₀ de leur valeur.

2. *Droits d'entrée et de sortie sur les produits métallur-giques.* — Tous les fers venant de l'étranger payaient à l'entrée un droit égal à celui auquel ils eussent été taxés dans les forges du pays, lors de la fabrication.

Le minerai devait 3 s. 4 d. par quintal à l'entrée ; autant à la sortie, outre le droit d'*issue-foraine*. La quincaillerie, même celle connue sous le nom de mercerie qui était exempte de la marque à la fabrication, devait 18 s., soit à l'importation, soit pour le simple passage dans les États.

Ces divers droits ne doivent point être rangés parmi les péages compris sous le nom générique de *Foraine*. La Foraine, vieille dénomination des Duchés, ne désigne absolument que des redevances beaucoup plus anciennes. Une réelle analogie toutefois, une similitude dans la régie, et, aussi, une habitude du langage courant, ont amené tous les auteurs à faire cette confusion que les spécialistes de l'époque évitaient soigneusement. La Ferme générale, dans le bail de laquelle la marque des fers avait sa mention à part, était d'ailleurs la première à maintenir la distinction.

SECTION II. — La Foraine.

Les péages rentrant dans cette catégorie peuvent être distingués en six espèces de droits : *droit de haut-conduit, entrée-foraine, issue-foraine, droit de traverse, impôt sur les toiles et droits d'acquit-à-caution*.

A. *Droits de haut-conduit*. — Le haut-conduit était non seulement le plus ancien et la plus étendu de tous les droits composant la Foraine, mais, aussi, un des premiers impôts qu'avaient établis les Ducs. Une ordonnance de 1597, qui réglemente sa perception, en parle dans ce sens (1). D'après une déclaration de 1704, à laquelle les baux de la Ferme passés depuis 1737 continuèrent de renvoyer, le haut-conduit est payé « par tous ceux qui font entrer ou sortir des Duchés, Pays et États, des vins, vivres, marchandises et denrées, et toutes choses généralement quelconques sans aucune excepter, soit que lesdites marchandises ou denrées qui entreront dans lesdits Pays et États y soient consommées ou y restent, soit qu'elles n'y soient point consommées, et en sortent » (2). Rien de ce qui entrait en Lorraine ou en était tiré n'était donc exempt de ce droit qui se subdivisait en *haut-conduit d'entrée* et *haut-conduit de sortie*. Les marchandises traversant directement la Province sans s'arrêter étaient assujetties aux deux. La quotité de la taxe

____

(1) Pour la plupart des textes concernant la réglementation de la Foraine, Cf. *Ms. 586, I.-IV. de la Bibliothèque de Nancy*, et *Ms. 79 de la Bibliothèque de la Société d'Archéologie lorraine*. C'est à ce dernier recueil, le plus complet que nous connaissions pour cette matière, que nous renvoyons de préférence et une fois pour toutes.

(2) Déclaration portant règlement pour les cinq Hauts-Conduits de Lorraine et Barrois. Du mois d'août 1704. *Ibid.*

variait pour un même objet suivant le point de la frontière qu'il
franchissait. Antérieurement à 1721, les Duchés étaient divisés
en cinq districts appelés eux-mêmes hauts-conduits ; c'était :
celui du Barrois, celui de Saint-Epvre, autour de l'évêché de
Toul ; ceux de Nancy, de Salins l'Etape et de Château-Salins,
correspondant approximativement à la Lorraine propre, aux
Vosges et à la Lorraine allemande. La circulation n'était pas
libre entre ces cinq zones que séparaient autant de barrières à
chacune desquelles il fallait acquitter les droits. Cette répétition
étant onéreuse et gênant singulièrement le commerce intérieur,
Léopold, par un édit du 4 avril 1721, n'avait conservé que le
haut-conduit dû à l'entrée ou à la sortie des Duchés. C'est alors
que pour dédommager les fermiers, ce Prince avait, comme
nous l'avons dit, augmenté le droit de contrôle, les formules et
les actes d'affirmation de voyage. Mais, depuis, les tarifs spéciaux
à chacun des districts étaient toujours restés en usage, de telle
sorte que la vache conduite au marché voisin, et devant pour
cela traverser la frontière dans l'un ou l'autre sens, continuait à
devoir 3 gros sur la partie dépendant de la zone du Barrois ;
6 deniers, au contraire, dans la zone de Salins-l'Etape, 4 dans
celle de Saint-Epvre ou 2 dans celle de Nancy. Non seulement
ces droits variaient d'après la région, mais ils étaient établis
d'après des méthodes différentes. Dans le Barrois, tout char,
quelles que soient les marchandises qu'il contienne, paye une
même somme ; dans le district de Château-Salins, les employés
de la Ferme se basent sur la nature du chargement ; plus loin,
leurs collègues tiendront uniquement compte du nombre des
objets ; tel tarif est incomparablement plus détaillé que tel autre :
dispositions qui compliquent la perception mais facilitent les
interprétations favorables aux intérêts de la Compagnie. Aucun
droit de haut-conduit n'était très élevé : un char rempli de marchandises ne doit que 4 gros sur la frontière du Barrois ; le cent
de porcs doit 9 gros dans la zone de Saint-Epvre, où le mercier
voyageant avec sa balle laissera 6 deniers. Mais à ce haut-conduit
s'ajoutaient les charges suivantes :

B. *Entrée-foraine.* — L'entrée-foraine, il est vrai, n'était perçue que sur un très petit nombre d'objets : les chevaux, ânes et mulets, et les vins étrangers. Ce péage, réglé par le tarif du 4 décembre 1604, était de 1 fr. 3 gros, pour un cheval ; 3 gros seulement pour un poulain. Les vins payaient indifféremment, quelle que fût leur qualité, un franc par queue ou un gros par mesure.

C. *Issue-foraine.* — Un tarif de la même époque, resté en vigueur, précisait les redevances à acquitter pour l'*issue-foraine*, qui, comme le droit précédent, paraît avoir son origine dans une ordonnance de 1563. L'issue-foraine était due pour les denrées et marchandises sortant de Lorraine et spécifiées dans une nomenclature de 225 articles parmi lesquels sont mentionnés depuis les objets les plus usuels jusqu'aux esturgeons, l'huile d'aspic ou les galles. Si nous en exceptons les vins, les grains et les bestiaux, l'évaluation portait pour chaque catégorie sur la charge même. On distinguait : le char, la charrette, la charge d'un cheval et le fardeau. C'est ainsi que le tarif prévoyait, à côté du char chargé de poissons ou de minerai, celui chargé de « plumes de lict » ou encore celui rempli de « marrons, chastaignes, oranges, citrons et grenades ». Plus forts que les droits de haut-conduit, ceux d'issue-foraine étaient loin cependant d'être abusifs. Les marchandises les plus haut cotées ne payaient que 2 fr. par char (17 sols de Lorraine) ; les armes toutefois devaient 3 fr. en même quantité.

D. *Droit de Traverse.* — Outre les deux droits de haut-conduit, ceux d'entrée et d'issue foraines, les marchandises traversant la Lorraine sans être déballées devaient à la Ferme une cinquième contribution : le *droit de traverse*, établi à partir de 1616, par le duc Henry II, comme une sorte d'indemnité au souverain pour les frais de construction et de sûreté des grands chemins. Le droit de traverse se payait à raison du poids et d'après les tarifs de 1615 et 1661. Il était tenu compte à la fois de la provenance des marchandises et de leur valeur. Le droit maximum était pour les draps d'or et d'argent venant d'Italie qui devaient 18 gros par quintal (13 sols 9 deniers de Lorraine), tandis que les étoffes plus grossières, expédiées d'Allemagne, ne devaient que moitié. Seules, les toiles étaient exemptes du droit de traverse, mais en revanche elles étaient assujetties à une taxe spéciale plus élevée : l'*impôt sur les toiles*.

E. *Impôt sur les toiles*. — Ce droit — dont parle déjà une ordonnance de 1590 — atteignait tous les tissus de lin ou de chanvre qui traversaient la Province, ainsi que ceux que l'on en tirait pour les conduire à l'étranger. Les toiles introduites en Lorraine pour la consommation locale avaient franchise. Ce péage était, depuis 1629, fixé uniformément à 3 francs (25 sols 6 deniers) par quintal. On n'avait égard ni à la finesse, ni à la provenance.

L'acquit-de-paie, bulletin destiné à être exhibé à toute réquisition comme preuve de l'acquittement de chacun de ces divers droits, coûtait de plus un sol « pour le papier ». Le haut-conduit de sortie, l'issue-foraine, l'impôt sur les toiles chargées dans le pays, devaient être payés au plus prochain bureau du lieu de chargement. Le haut-conduit d'entrée, l'entrée-foraine, l'impôt sur les toiles venant de l'étranger ou y retournant, le droit de traverse, étaient versés au premier bureau de la route ; par exception, les voituriers tenant la route de Nancy devaient venir acquitter le droit de traverse au bureau de la capitale.

F. *Droits d'acquit-à-caution*. — Ces droits étaient les plus compliqués en même temps qu'ils sont les moins faciles à définir. Ils ont leur origine dans la topographie singulière de la Province et des pays voisins ou enclavés. Nous pouvons signaler quatre sortes d'acquit-à-caution.

a) La pénétration entre la Lorraine et les terres évêchoises avait de tout temps donné lieu à un grand nombre d'arrangements et de concordats touchant la liberté du commerce et l'affranchissement réciproque de péages dans certains cas spéciaux.

Le traité de 1604, dit traité de Nomeny, en fut le meilleur résumé jusqu'au traité signé à Paris en 1718 et qui adopta les principales dispositions du premier. Mais, si Lorrains et Évêchois avaient parfois la liberté de recevoir telles denrées ou marchandises pour leur consommation, ou d'en transporter en empruntant le territoire de leurs voisins, sans payer les droits d'entrée ou d'issue-foraine, il fallait que ces privilèges ne fussent point une occasion de fraude. C'est à cet effet qu'il devait être fourni, au bureau le plus proche du lieu de chargement ou de la route suivie, un gage ou une caution dont le fermier délivrait acquit. Dans les 15 jours ou 3 semaines, cet acquit devait être rapporté, certifié d'un des principaux officiers du lieu de consommation, pour attester que les marchandises y avaient bien été déchargées. Il en coûtait 3 sols tournois pour la délivrance, la réception et la décharge ; la déclaration du 20 décembre 1722 avait ajouté un sol « pour le papier ».

b) C'était cette même disposition géographique qui avait nécessité l'usage d'une deuxième espèce d'acquit-à-caution. Un marchand de Pont-à-Mousson fait venir de Nancy un ballot de marchandises. Ces objets ne peuvent, après avoir payé le droit de sortie en arrivant à Belleville sous prétexte qu'ils entrent là sur un territoire étranger, devoir au même fermier les droits d'entrée à Blénod, parce qu'ils sortent d'une terre de France. Mais, afin d'assurer la Régie que le ballot est véritablement destiné à la Lorraine, qu'il ne sera point versé dans l'étendue de la généralité de Metz dont il emprunte le passage, il faut que le voiturier prenne un *acquit-à-caution* dont le prix est de 4 gros ; ce sera aussi 4 gros pour la décharge, plus le sol pour le papier. Cette obligation n'était point générale avant 1737 ; les parties de la Lorraine où ces acquits étaient de rigueur étaient limitativement fixés par des textes. La Ferme de France n'admit plus aucune distinction et étendit la mesure à toute la Province.

c) Dans un arrêt du 24 janvier 1708, la Chambre des Comptes de Lorraine avait enjoint, par provision, de prendre également des acquits-à-caution pour les marchandises conduites dans des lieux limitrophes. Il s'agissait d'empêcher le versement de ces marchandises chez l'étranger, en fraude des droits de sortie. Cette disposition fut naturellement maintenue sous le régime français; ces acquits rapportaient aussi 7 sols à la Ferme.

d) Il en était de même pour une quatrième sorte d'acquits-à-caution, inaugurée sous Stanislas. Pour assurer le fermier que les voituriers tenant la route de Nancy ne manqueraient point d'acquitter au bureau de cette ville le droit de traverse, il leur fut ordonné de prendre, au premier bureau de leur route en terre lorraine, un acquit-à-caution, à la place du *passavant* qui jusqu'alors avait suffi et était délivré gratuitement en exécution de l'ordonnance de 1615.

Cette innovation fut formulée pour la première fois dans le bail de Louis Diétrich. Dans cette pièce, deux articles, ajoutés au dispositif des traités précédents et d'une rédaction insignifiante à simple lecture, devaient servir en tous points les vues fiscales de la Ferme. C'est de cette époque, surtout, que la Compagnie donna à la Foraine une extension inattendue. Les droits d'acquit furent peu à peu perçus de telle sorte que la rétribution fut plus forte que la charge dont il paraissait affranchir. Les Chambres des Comptes ne tardèrent pas à se plaindre. Celle de Bar peut bientôt déclarer que « les droits d'acquit-à-caution sont quadruplés » ; on est désormais contraint pour le transport d'un même objet « de prendre autant d'acquits qu'il y a de voituriers (1). »

« On a multiplié successivement ces droits d'acquits-à-caution », remarque à son tour un contemporain autorisé, « on a grossi les avantages pour le fermier en abrégeant le terme accordé par les anciennes ordonnances pour en rapporter la décharge ; et pour rendre cet abus plus lucratif, le fermier, sans

(1) *Remontrances* du 12 juin 1758, l. cit.

y paraître autorisé par aucune loi, a substitué dans tous les cas à l'usage d'exiger les cautions celui de faire consigner une somme d'argent qui lui reste et tourne à son profit, si l'acquit n'est pas rapporté dans le délai très court qu'il a fixé... » (1).

Les Ducs avaient tenu compte, autant que possible, de la situation très défavorable de certaines portions de la Province ; telle, par exemple, celle de la principauté de Lixheim enserrée au milieu de terres étrangères. C'est dans cette considération qu'un arrêt du Conseil, du 6 février 1727, avait dispensé les habitants de cette région des bureaux de péages. Dès lors on jouit à Lixheim de l'exemption des droits. Mais la Ferme de France s'appuya sur ce que le privilège n'avait été accordé que « par grâce spéciale, jusqu'à bon plaisir et sans tirer à conséquence ». Le bon plaisir eût dû finir avec les jours de Léopold ; sur la requête de la Compagnie, un arrêt du 16 janvier 1759 révoqua donc la concession. Les conséquences de cette mesure furent déplorables. Deux ans après, M. Coster ayant parcouru cette contrée pouvait en tracer ce tableau : ses habitants « chargés d'impositions, de vingtièmes, de corvées, regardent aujourd'hui la foraine comme la plus grande de leurs charges ; et le nombre de ceux qu'elle chasse chaque jour et qu'elle fait transmigrer vous effrayeroit ». Et en effet : « du centre de la ville de Lixheim on voit à deux mil pas, autour de soi, des terres de Nassau, ou d'Alsace ou des Evêchés : le fermier s'applaudit d'une position qui soumet à ses acquits tout ce qui circule ». Là, des vexations sans nombre attendent chaque jour le simple particulier tout comme le marchand ; « s'il tire des denrées ou des marchandises de Lorraine par Fénétrange (et c'est le seul endroit par lequel cette principauté tient à la Province) il faut un acquit-à-caution. Lixheim est un lieu limitrophe : si c'est par quelqu'autre partie, il faut encore un acquit-à-caution ; on emprunte nécessairement le territoire français. Tout ce qui arrive à

(1) Coster, *Lettres d'un citoyen à un magistral...*: j. cit.

Lixheim est assujetti à cette formalité coûteuse sous l'un ou l'autre de ces prétextes : tout ce qui en sort pour les villages de la principauté, comme outils, fruits, légumes y est encore assujetti : cela passe, dit le fermier, dans un lieu limitrophe ; les dixmes même et les denrées qui se transportent par les domestiques des Curés et des gens d'Eglise ne sont pas respectées... » (1).

Cette rigueur de la Ferme, s'ajoutant à l'inconvénient des pénétrations et des enclaves, faisait ainsi d'un ensemble de péages, en lui-même beaucoup moins onéreux et assurément moins désagréable que les systèmes douaniers de diverses autres provinces françaises, une charge très lourde pour la Lorraine. La formalité des acquits-à-caution se répète chaque fois que l'on emprunte sur sa route le moindre lambeau de terre étrangère ou même que l'on s'en approche. Or ces incidents sont inévitables pour le plus petit trajet. On ne peut guère sortir directement de la Province qu'au midi, et encore oubliais-je les enclaves de la Comté. De Lunéville à Blâmont, on traversait deux fois la généralité de Metz ; il en était de même pour se rendre à Raon-l'Etape, à cause des bans de Saint-Clément et de Baccarat. De Dieuze à Saint-Avold, c'est-à-dire sur un parcours de 17.000 toises, on passe alternativement sur sept territoires différents. Que d'ennuis pour aller de Nancy à Sarreguemines ! La route emprunte à trois reprises le sol évêchois, puis, enfin, une terre d'Empire. Les évêchois exigent par réciprocité sur les frontières tout ce que la Lorraine réclame elle-même, et le fermier profite ainsi de l'une et de l'autre exigences. Voici un commerçant solvable et domicilié, mais qui a coutume de parcourir les foires et les marchés. Il est contraint de se promener au milieu de cette marquetterie géographique (2) ; comme la Ferme ne se

(1) *Ibid.*

(2) Cf. les diverses cartes de l'époque, et aussi : Bœckh und Kiepert, *Historische Karte von Elsass und Lothringen zur Uebersicht der territorialen Veranderungen im 17. und 18. Jahrhundert.* Berlin, 1871.

contente pas d'une caution, mais veut que l'on consigne une somme d'argent, notre homme s'en va semant ses bénéfices sur son chemin et perdant tous ces déboursés s'il ne peut revenir sur ses pas dans le laps de temps ridicule qui lui est fixé pour représenter les acquits. Dans cet état de choses, la moindre aggravation avait une portée considérable. Jusqu'en 1737, les Lorrains avaient supporté assez patiemment l'institution de la Foraine qui commença dès lors à susciter leurs murmures. Vers 1750, le fardeau fut si pesant que de toutes parts des plaintes s'élevèrent ; jusqu'en 1766, nous les entendons de plus en plus circonstanciées et saisissantes. La Cour Souveraine déclare en août 1758 que : « l'extension de ces droits gêne infiniment le peu de commerce qui nous reste parce que ces droits d'acquits sont devenus arbitraires et si multipliés qu'on ne peut plus faire un pas en Lorraine sans y être assujetti... ». La même Compagnie établit, dans ses remontrances du 24 janvier 1761, que « la Foraine surtout est devenue par ses abus, un fléau qui désole le commerçant et les habitants des campagnes... Qu'est-il arrivé depuis vingt-trois ans sur cette partie ? Les méditations du travail en Finances sur les moyens d'augmenter le revenu des Fermes ont ramené sur cette partie toutes les entraves que l'intérêt général avait écartées. La régie a été rendue contentieuse, embarrassée. Les bureaux se sont de nouveau multipliés. Les droits se sont étendus sur les objets de la plus mince valeur. Un paquet de fil, une paire de pigeons, un pot de légumes y ont été assujettis. Des décisions nouvelles obtenues au Conseil par le Fermier, sans contradicteurs, ont renversé les maximes qui le gênaient, et son administration est devenue arbitraire... Ajouterons-nous que les contraventions les plus innocentes sont rachetées par des sommes considérables ? Contraventions provoquées encore par l'affectation de mépriser les ordonnances qui assujettissent à tenir sur les routes des affiches placardées contenant les droits de la Foraine. Tels sont, Sire », terminait le rapporteur, « les excès qui rendent odieux un droit légitime et qui font de la Foraine l'objet des clameurs publiques ! » (1).

« On a vu », explique quelques mois plus tard, avec une indignation mal contenue, un écrivain qui fit de ces questions une étude approfondie », on a vu un particulier transportant de bonne foi quelques pains de chènevis pour sa basse-cour d'un lieu à l'autre de la Lorraine, et obligé par la nature du terrain de traverser deux fois dans l'espace de deux lieues les terres étrangères enclavées, être repris une première fois pour n'avoir pas su qu'il ne pouvoit, sans acquit-à caution, transporter chez lui cette chétive denrée ; se racheter de cette première contravention d'une somme de six écus neufs, et être repris une seconde fois le quart d'heure d'après par les mêmes gardes et sous la même peine, pour ne s'être pas muni d'un nouvel acquit à l'occasion du nouveau territoire qu'il alloit encore traverser ; et perdre ainsi trois louis d'or, pour avoir innocemment manqué aux formalités nouvellement prescrites dans le transport d'une denrée qui ne valloit pas trente sols » (2). C'est à qui se lamentera davantage sur « cette vermine de tyranneaux qui désolent à chaque instant l'agriculteur et le voiturier, et troublent la circulation intérieure de mille et mille manières » ; « il est tel garde », s'écrie plaisamment un ancien subdélégué de l'Intendance, « il est tel garde qui nous fera plus craindre le passage de Lorraine en France, que celui des sables de l'Arabie, ou des forêts des Hurons ou des Chiroquois ! » (3).

Pour garder toutes les lignes frontières, toutes les zones limitrophes, la Ferme devait employer sous Stanislas de 700 à 720 receveurs de la Foraine. La tâche de ces préposés n'était pas facile ; ils eussent dû connaître en détail les dispositions de multiples règlements et tarifs taxant les denrées et marchandises tantôt sur le pied du char, tantôt de la charrette, tantôt de la

<hr>

(1) *Remontrances*, l. cit.
(2) Coster, *Ibid.*
(3) *Archives de Meurthe-et-Moselle*, C. 311.

charge, ou du poids, ou du nombre ; connaître également tout ce qui avait été fixé par les traités faits entre les Ducs et leurs voisins, attendu que ces traités renfermaient d'importantes modifications aux tarifs, eux-mêmes si divers. L'embarras de la régie était tel que pour l'instruction de son personnel, la Ferme dut faire imprimer, en 1757, un volume entier des édits, déclarations et arrêts jugés nécessaires pour l'exploitation de la Foraine (1). « On en feroit un second », assurait Coster « de ce qu'elle a supprimé soit comme inutile, soit comme étranger à ses vues... ». Pour ma part, j'ai compté plus de cent ordonnances et arrêts en vigueur en 1766, tous absolument indispensables à posséder pour une perception vraiment régulière !

(1) *Recueil des édits, ordonnances... sur le fait des droits de Haut-Conduit, Entrée et Issue-foraine... etc.* Nancy, 1757. in-4°.

Vu, le Président de la Thèse,
    Nancy, le 1er juin 1896,
        GAVET.

              Vu par le Doyen,
             Nancy, le 1er juin 1896.
              E. LEDERLIN.

       Vu et permis d'imprimer,
       Nancy, le 1er juin 1896.
        Le Recteur,
        A. GASQUET.

TABLE DES MATIÈRES

DEUXIÈME PARTIE

LES PARTIES CASUELLES ; LES OFFICES VÉNAUX

TROISIÈME PARTIE

LES EAUX ET FORÊTS

QUATRIÈME PARTIE

LE DOMAINE ; LA FERME GÉNÉRALE ; LES IMPOTS INDIRECTS